1001
PALABRAS
INGLESAS
Más Útiles para
Hispanoparlantes

Seymour Resnick

DOVER PUBLICATIONS, INC.
Mineola, New York

Copyright

Bibliographical Note

1001 Palabras Inglesas Más Útiles para Hispanoparlantes / 1001 Most Useful English Words for Spanish-Speaking People is a new work, first published by Dover Publications, Inc., in 2000.

Library of Congress Cataloging-in-Publication Data

Resnick, Seymour.
    1001 Palabras Inglesas Más Útiles para Hispanoparlantes / *1001 Most Useful English Words for Spanish-Speaking People* / Seymour Resnick.
        p. cm.
    Spanish and English.
    ISBN 0-486-41128-1 (pbk.)
    1. English language—Conversation and phrase books—Spanish. 2. English language—Glossaries, vocabularies, etc. I. Title: One thousand and one most useful English words for Spanish-speaking people. II. Title: One thousand one most useful English words for Spanish-speaking people. III. Title.

PE1129.S8 R44 2000
428.2'461—dc21

00-029461

Manufactured in the United States of America
Dover Publications, Inc., 31 East 2nd Street, Mineola, N.Y. 11501

PREFACIO

Este libro contiene más de 1,000 de las palabras inglesas más útiles para hispanoparlantes. Están presentadas en orden alfabético con una sencilla frase ilustrativa de valor práctico, seguida de una traducción al español. Algunos ejemplos:

add añadir

We have to add a fifteen-percent tip. Tenemos que añadir una propina de quince por ciento.

bill cuenta

Can I pay the bill with a personal check? ¿Puedo pagar la cuenta con un cheque personal?

furnished amueblado

I think it would be better to take a furnished apartment. Creo que sería mejor tomar un apartamento amueblado.

Hay solamente un artículo definido y un artículo indefinido en inglés *(the* y *a/an)*. Estos se usan para traducir los cuatro artículos definidos *(el, la, los, las)* y los cuatro artículos indefinidos en español *(un, una, unos, unas)*. En inglés no hay concordancia del adjetivo ni del artículo definido u indefinido con el sustantivo, en cuanto a número. Tampoco tiene el sustantivo género como en español.

Por ejemplo: the tall man el hombre alto
the tall woman la mujer alta
the tall men los hombres altos
the tall women las mujeres altas

Una buena manera de empezar a usar este libro es hojear rápidamente la sección alfabética, fijándose en las palabras de interés especial. Lleve este libro consigo y cuando oiga o vea una nueva palabra, búsquela en la sección alfabética.

Después de la lista alfabética de palabras hay doce categorías de palabras: familia, días, meses, estaciones, números, colores, alimentos, partes del cuerpo, tiendas, oficios, animales, y avisos al público. Será una buena idea echar una mirada a esta sección desde el principio. Generalmente las palabras incluídas allí no se repiten en la sección alfabética. Una sugerencia práctica: Antes de salir para comer, consulte la categoría de alimentos, haciendo nota de las palabras en inglés que traducen lo que le gustaría pedir y lo que quiere evitar.

Hay también una sección de estudio de palabras que contiene seis grupos de cognados para demostrar cómo se pueden reconocer cientos de cognados españoles/ingleses. Además se provee unos ejemplos de cognados falsos, que sirven para recordarle que se encuentran algunas palabras que se deletrean o se pronuncian de una manera muy parecida en inglés y en español, pero cuyos sentidos no tienen nada en común. Valdrá la pena repasar esta sección por algunos minutos al principio.

¡Buena suerte!   Good luck!

El propósito principal de este libro es ser útil para personas hispanoparlantes. No obstante, también puede ser de valor para personas de habla inglesa que quieren aumentar su vocabulario español.

PREFACE

This book presents more than 1,000 basic, commonly used words in the English language, in a format designed to be most helpful to Spanish speakers. The words are presented in alphabetical order in a translation-dictionary section, in which simple illustrative sentences of practical value are followed by a Spanish translation. A few examples:

add añadir   *We have to add a fifteen-percent tip.* Tenemos que añadir una propina de quince por ciento.

bill cuenta   *Can I pay the bill with a personal check?* ¿Puedo pagar la cuenta con un cheque personal?

furnished amueblado   *I think it would be better to take a furnished apartment.*   Creo que sería mejor tomar un apartamento amueblado.

There is only one definite article in English *(the)*, and one indefinite article *(a/an)*, in contrast to Spanish, which has four of each—*el, la, los, las*—and *un, una, unos, unas*—to indicate singular or plural subjects, and masculine or feminine nouns. In English, adjectives, articles (definite or indefinite), and nouns do not have gender, as is the case in Spanish. Neither does the form of adjectives and articles change in English, depending on whether the noun modified is singular or plural.

Examples:	the tall man	el hombre alto
	the tall woman	la mujer alta
	the tall men	los hombres altos
	the tall women	las mujeres altas

One good way to begin using this book is to look through the alphabetical section quickly, checking off words that are of special interest to you. Carry this handy book with you, and when you hear or see a new word, look it up.

After the alphabetical list of words, there are twelve categories of words: family, days, months, seasons, numbers, colors, foods, parts of the body, stores, occupations, animals, and public notices. You may wish to look through these groupings at the start. (Generally, the vocabulary included there is not repeated in the alphabetical section.) For example, before you eat in a restaurant, you may want to consult the foods category, making note of the English words for foods that you might want to order or that you want to avoid.

There also is a Word Study section with six groups of English/Spanish cognates, which shows how hundreds of such cognates can be recognized easily. In addition, a brief list of false cognates serves as a reminder that some words that are spelled or pronounced in a very similar way in English and Spanish do not have the same meaning. Spending a few minutes with this section is sure to be worthwhile.

Good luck!   ¡Buena suerte!

Note: This book is intended primarily for use by Spanish speakers who want to develop a basic vocabulary for conversation, reading, and writing in English. However, it also can be helpful to English speakers who wish to expand their Spanish vocabulary and their knowledge of sentence structure in Spanish. *1001 Most Useful Spanish Words* (Dover Publications, 1996, ISBN 0-486-29113-8), which has the same format as this book, provides similar information, but with the alphabetical section arranged by the words in Spanish.

Contents / Índice

Prefacio   iii
Preface   iv

Sección Alfabética (Diccionario de Traducciones)   1
Alphabetical (Translation Dictionary) Section   1

Sección de Categorías   50
Category Section   50

Estudio de Palabras (Cognados y Cognados Falsos)   56
Word Study (Cognates and False Cognates)   56

Sección Alfabética (Diccionario de Traducciones) / Alphabetical (Translation Dictionary) Section

a un, una *I need a job and a house.* Necesito un empleo y una casa.

able to, to be poder *Will you be able to help me?* ¿Podrá usted ayudarme?

above arriba, sobre *The bedrooms are above.* Las alcobas están arriba. *We are one thousand feet above sea level.* Estamos a mil pies sobre el nivel del mar.

according to según *According to the president, we have nothing to fear.* Según el presidente, no tenemos nada que temer.

add añadir *We have to add a fifteen-percent tip.* Tenemos que añadir una propina de quince por ciento.

address dirección *What is your new address?* ¿Cuál es su nueva dirección?

admit admitir, confesar *The criminal would not admit anything.* El criminal no quiso confesar nada.

advertisement (forma abreviada **ad**) anuncio *Why don't you put an ad in the paper?* ¿Por qué no pones un anuncio en el periódico?

afraid (to be afraid) tener miedo *Many children are afraid of the dark.* Muchos niños tienen miedo de la oscuridad.

after después *What happened to you after you arrived?* ¿Qué le pasó después de llegar?

afternoon tarde *I will be busy all afternoon.* Estaré ocupado toda la tarde.

again otra vez, de nuevo *I would like to see that movie again.* Me gustaría ver esa película otra vez.

against contra *He was leaning against the door.* Estaba apoyado contra la puerta.

age edad *You have to state your age on this line.* Tiene que indicar su edad en esta línea.

ago hace (con período de tiempo) *I arrived six months ago.* Llegué hace seis meses.

among entre *You are among friends.* Está usted entre amigos.

amount cantidad, suma *It's an insignificant amount.* Es una suma insignificante.

amusement diversión *Are there amusements here for the children?* ¿Hay diversiones aquí para los niños?

an un, una *I have an uncle and an aunt who live in Boston.* Tengo un tío y una tía que viven en Boston.

and y *Three and four are seven.* Tres y cuatro son siete.

another otro *Another coffee, please.* Otro café, por favor.

answer contestar, responder *Answer as soon as possible.* Responda lo antes posible.

any alguno *Do you have any books for children?* ¿Tiene algunos libros para los niños?

anybody, anyone alguien, cualquiera *Is there anyone here who speaks Spanish?* ¿Hay alguien aquí que hable español? *Anybody can do that.* Cualquiera puede hacer eso.

apartment apartamento, departamento, piso *We are looking for an apartment with two bedrooms.* Buscamos un apartamento con dos alcobas.

appointment cita, nombramiento *I have an appointment with the dentist for two o'clock.* Tengo una cita para las dos con el dentista.

around alrededor de *Let's take a walk around the park.* Vamos a dar un paseo alrededor del parque.

arrange arreglar *Everything is arranged already.* Todo ya está arreglado.

arrive llegar *When did you arrive?* ¿Cuándo llegaron ustedes?

art arte *This museum has a magnificent collection of modern art.* Este museo tiene una magnífica colección de arte moderno.

article artículo *Did you read the article about him in yesterday's paper?* ¿Leyó usted el artículo sobre él en el periódico de ayer?

as tan; como *He is as tall as his cousin.* Es tan alto como su primo.

ashamed (to be ashamed) tener vergüenza *I am ashamed to say that he was a friend of mine.* Tengo vergüenza de decir que era un amigo mío.

ask, ask for preguntar; pedir *Ask me anything, but don't ask me for money.* Pregúnteme lo que quiera, pero no me pida dinero.

aspirin aspirina *Take two aspirins and call me in the morning.* Tome dos aspirinas y llámeme por la mañana.

at a, en *At what time does the plane arrive in New York?* ¿A qué hora llega el avión a Nueva York? *They are not at home.* No están en casa.

attend asistir a *I would like to attend the concert tonight.* Me gustaría asistir al concierto esta noche.

auto(mobile), car auto(móvil), coche, carro *If you wish, I can take you in my automobile.* Si quiere, le puedo llevar en mi automóvil.

avenue avenida *Fifth Avenue in New York is very elegant.* La Quinta Avenida en Nueva York es muy elegante.

awake(n) despertar, despierto *I had my eyes closed but I was awake.* Tenía los ojos cerrados pero estaba despierto. *Awaken me at nine.* Despiérteme a las nueve.

away fuera *We are going to be away for two weeks.* Vamos a estar fuera por dos semanas.

back atrás; de vuelta *He left through the back door.* Salió por la puerta de atrás. *I will be back in ten minutes.* Estaré de vuelta en diez minutos.

bad(ly) malo/a, mal *It was a bad meal and now I feel badly.* Fue una mala comida y ahora me siento mal. *She cooks very badly.* Ella cocina muy mal.

bag bolsa, cartera, saco *She lost her bag.* Ella perdió su cartera. *Put everything in one bag, please.* Póngalo todo en una bolsa, por favor.

baggage equipaje *Will you take my baggage up to my room?* ¿Quiere subir mi equipaje a mi habitación?

ball pelota *He likes to play ball with his friends.* Le gusta jugar a la pelota con sus amigos.

bank banco *You can cash your checks at the bank.* Usted puede cobrar sus cheques en el banco.

bargain ganga *In order to save money I always look for the bargains.* Para ahorrar dinero siempre busco las gangas.

bath baño *I like to take a warm bath before I go to bed.* Me gusta tomar un baño caliente antes de acostarme.

bathroom (cuarto de) baño, lavabo, retrete, servicio, aseos, lavatorio, excusado *The bathrooms for men and women usually say on the doors: Men and Women, or Gentlemen and Ladies.* En las puertas de los lavatorios generalmente se dice: Hombres y Mujeres, o Señores y Damas.

be estar; ser *He is Spanish but he is in Mexico now.* Es español pero ahora está en México.

beach playa *There are many beautiful beaches along the coast of Florida.* Hay muchas playas bellas a lo largo de la costa de Florida.

beard barba *He shaved his beard and now he looks much younger.* Se afeitó la barba y ahora parece mucho más joven.

beautiful bello/a, hermoso/a, lindo/a *Your wife is very beautiful and charming.* Su esposa es muy bella y simpática.

because porque *I'm not going, because I'm tired.* No voy porque estoy cansado.

bed   cama   *A room with two beds, please.*   Una habitación con dos camas, por favor.

bedroom   alcoba, dormitorio, cuarto de dormir   *We have three bedrooms but we use one of them as an office.*   Tenemos tres alcobas pero usamos una de ellas como oficina.

before   antes, antes de que   *Call me before you leave.*   Llámeme antes de salir.

beggar   mendigo   *Before there used to be many beggars on the streets.*   Antes había muchos mendigos en las calles.

begin   empezar, comenzar   *Now we are beginning to earn a little money.*   Ahora comenzamos a ganar un poco de dinero.

behind   detrás   *There is a garden behind the house.*   Hay un jardín detrás de la casa.

believe   creer   *I can't believe what he said.*   No puedo creer lo que él ha dicho.

bell   campana, timbre   *On Sunday mornings you can hear the church bells.*   Los domingos por la mañana se pueden oír las campanas de la iglesia.   *She rang the doorbell.*   Ella tocó el timbre.

below   abajo, debajo   *I'll wait for you below.*   Te espero abajo.   *Nobody lives below us.*   Nadie vive debajo de nosotros.

belt   cinturón   *Fasten your seat belts.*   Abróchense los cinturones.

beneath   debajo de   *I found it beneath my other papers.*   Lo encontré debajo de mis otros papeles.

beside   al lado de   *Sit down beside your sister.*   Siéntate al lado de tu hermana.

besides   además   *I don't have time to go and besides I don't have any money.*   No tengo tiempo para ir y además no tengo ningún dinero.

best   mejor   *He is my best friend.*   Es mi mejor amigo.

better   mejor   *It would be better to leave it for tomorrow.*   Sería mejor dejarlo para mañana.

between   entre   *Between us there are no secrets.*   Entre nosotros no hay secretos.

bicycle (bike)   bicicleta   *Many people go on the sidewalks with their bikes.*   Muchas personas van en las aceras con sus bicicletas.

big   grande   *Their house is very big.*   La casa de ellos es muy grande.

bill   cuenta   *Can I pay the bill with a personal check?*   ¿Puedo pagar la cuenta con un cheque personal?

birthday   cumpleaños   *Happy birthday!*   ¡Feliz cumpleaños!

bite   morder   *A barking dog doesn't bite.*   Perro que ladra no muerde.

blanket   manta, frazada   *Ask the chambermaid to leave another blanket.*   Pídale a la camarera que deje otra frazada.

blind ciego/a *Despite being blind, he knows everything that's going on.* A pesar de ser ciego, él sabe todo lo que está pasando.

block cuadra *Your hotel is on the next block.* Su hotel está en la próxima cuadra.

blond(e) rubio/a *She has blond hair now because she heard that blondes have more fun.* Ahora tiene el pelo rubio porque oyó que las rubias se divierten más.

blood sangre *He cut himself while shaving and is losing a lot of blood.* Se cortó afeitándose y está perdiendo mucha sangre.

blouse blusa *I prefer a cotton blouse.* Prefiero una blusa de algodón.

blow golpe *They say that he died from a blow to the head.* Dicen que murió de un golpe a la cabeza.

boat barco, barca, bote *In the summer you can see many sailboats on the lake.* En el verano se pueden ver muchos barcos de vela en el lago.

body cuerpo; cadáver *The human body is studied in physiology class.* Se estudia el cuerpo humano en la clase de fisiología. *The police have not yet found the body.* La policía todavía no ha encontrado el cadáver.

book libro *I am looking for a book about the American presidents.* Estoy buscando un libro sobre los presidentes americanos.

border frontera *When we reach the border we will have to go through Customs.* Cuando lleguemos a la frontera tendremos que pasar por la aduana.

born (to be born) nacer *When and where were you born?* ¿Dónde y cuándo nació usted?

boss jefe, patrón *Our boss always arrives very early.* Nuestro jefe siempre llega muy temprano.

both ambos, los/las dos *We both did what we could.* Los dos hicimos lo que pudimos.

bother molestar *Don't bother me now; I'm busy.* No me moleste ahora; estoy ocupado.

bottle botella *The baby drank up the whole bottle.* El nene se bebió toda la botella.

box caja *He gave his girlfriend a box of candy.* Le dio una caja de caramelos a su novia.

boy niño *The boys are playing in the street.* Los niños están jugando en la calle.

break romper, quebrar(se) *Be careful, don't break anything.* Cuidado, no rompas nada.

breakfast desayuno *We usually eat breakfast at home.* Por lo común comemos el desayuno en casa.

bridge   puente   *Pedestrians are not allowed on this bridge.*   No se permiten peatones en este puente.

bring   traer, llevar   *Bring enough money in case of emergency.*   Traiga bastante dinero en caso de emergencia.

broken   roto, quebrado   *He fell because the chair was broken.*   Se cayó porque la silla estaba rota.

brush   cepillo; brocha   *Where can I buy a toothbrush?*   ¿Dónde puedo comprar un cepillo de dientes?

building   edificio   *They are constructing new buildings all over.*   Están construyendo nuevos edificios en todas partes.

burn   quemar; arder   *Ow, I burned my finger!*   ¡Ay, me quemé el dedo!

bus   autobús, guagua, camión   *Where is the bus stop?*   ¿Dónde está la parada de autobús?

business   negocio(s), comercio   *How's business?*   ¿Cómo van los negocios?

busy   ocupado/a   *The line is busy.*   La línea está ocupada.

but   pero   *It is very hot here but there is no humidity.*   Hace mucho calor aquí pero no hay humedad.

buy   comprar   *You can buy it for cash or credit.*   Puede comprarlo al contado o a crédito.

cab   taxi, coche   *It's sometimes hard to find a cab at 5 p.m.*   A veces es difícil encontrar un taxi a las cinco de la tarde.

call   llamar   *Call me if you need anything.*   Llámeme si necesita algo.

camera   cámara   *You'll be able to take many pictures with your new camera.*   Usted podrá sacar muchas fotos con su nueva cámara.

can (= to be able to)   poder   *Can you come with us?*   ¿Puede usted venir con nosotros?

candy   dulce, caramelo, bombón   *It's not good to eat too much candy.*   No es bueno comer demasiados dulces.

capital   capital   *Albany is the capital of New York State.*   Albany es la capital del Estado de Nueva York.   *We do not have enough capital to buy that business.*   No tenemos bastante capital para comprar ese negocio.

car   coche, carro, auto   *We need two cars because we both work.*   Necesitamos dos coches porque trabajamos los dos.

card   tarjeta   *Here is my business card.*   Aquí tiene usted mi tarjeta de negocios.

care   cuidado; cuidarse; importar   *Take care.*   Tenga cuidado. Cuídese.   *I don't care.*   No me importa.

carry   llevar   *The suitcase is so heavy that I can't carry it.*   La maleta está tan pesada que no la puedo llevar.

cash   dinero (en efectivo), al contado; cobrar   *I prefer to pay cash.*
Prefiero pagar al contado.   *Where can I cash a check?*   ¿Dónde
puedo cobrar un cheque?

cashier   cajero/a   *Please pay the cashier.*   Pague al cajero, por favor.

catch   coger, tomar   *You can catch the bus at the next corner.*
Puede tomar el autobús en la próxima esquina.

center   centro   *This city is an industrial center.*   Esta ciudad es un
centro industrial.

century   siglo   *Many horrible events took place in the twentieth century.*   Muchos acontecimientos horribles tuvieron lugar en el siglo
veinte.

certain   cierto, seguro   *I am certain that they will be here soon.*
Estoy seguro de que estarán aquí pronto.

chair   silla   *We can put eight chairs around the table.*   Podemos
poner ocho sillas alrededor de la mesa.

chambermaid   camarera   *The chambermaid usually cleans our room
at about ten o'clock.*   Por lo general la camarera limpia nuestra
habitación a eso de las diez.

change   cambio, suelto; cambiar   *I am sorry, but I don't have change.*
Lo siento, pero no tengo cambio.   *Don't change anything; everything is perfect.*   No cambie nada; todo es perfecto.

chapter   capítulo   *There are twelve chapters in our history book.*
Hay doce capítulos en nuestro libro de historia.

charge   cobrar   *How much do you charge by the hour?*   ¿Cuánto
cobra usted por hora?

cheap   barato   *I am looking for something a little cheaper.*   Estoy
buscando algo un poco más barato.

check   cheque; cuenta   *I'll send you a check tomorrow.*   Le mandaré un cheque mañana.   *The check, please.*   La cuenta, por favor.

choose   escoger, elegir   *I have to choose a tie for my brother.*   Tengo
que escoger una corbata para mi hermano.

Christmas   Navidad   *They are going to celebrate Christmas with their
family.*   Van a celebrar la Navidad con su familia.   *Merry
Christmas!*   ¡Feliz Navidad!

church   iglesia   *They go to church every Sunday.*   Van a la iglesia
todos los domingos.

cigarette   cigarrillo, pitillo   *A pack of cigarettes, please.*   Un paquete
[*or* una cajetilla] de cigarrillos, por favor.

circle   círculo   *They have a small circle of friends.*   Tienen un pequeño círculo de amigos.

citizen   ciudadano   *After today's ceremony we will be American citizens.*   Después de la ceremonia de hoy seremos ciudadanos
americanos.

city   ciudad   *Which cities do you recommend that we visit?*   ¿Qué ciudades recomienda usted que visitemos?

class   clase   *After finishing these classes you will be able to get a good job.*   Después de terminar estas clases, usted podrá conseguir un buen empleo.

clean   limpio; limpiar   *This fork is not clean.*   Este tenedor no está limpio.   *I help my mother clean the house.*   Yo ayudo a mi madre a limpiar la casa.

clear   claro   *Everything is very clear now; I understand it perfectly.*   Todo está muy claro ahora; lo entiendo perfectamente.

client   cliente   *Our clients are always satisfied.*   Nuestros clientes siempre quedan satisfechos.

climate   clima   *The climate here is ideal in the spring and fall.*   El clima aquí es ideal en la primavera y en el otoño.

climb   subir   *I can't climb up so many stairs.*   No puedo subir tantas escaleras.

close (to shut; near)   cerrar; cerca   *Close* [se pronuncia **kloz**] *the window, please.*   Cierre la ventana, por favor.   *Your hotel is very close* [se pronuncia **klos**] *to the station.*   Su hotel está muy cerca de la estación.

closet   armario   *There aren't enough closets in the apartment we saw.*   No hay bastantes armarios en el departamento que vimos.

clothing   ropa   *We always bring too much clothing.*   Siempre traemos demasiada ropa.

cloud   nube   *The plane is flying above the clouds.*   El avión está volando sobre las nubes.

coast   costa   *It is always cooler at the coast.*   Siempre hace más fresco en la costa.

coat   abrigo   *A coat must be worn all winter.*   Hay que llevar un abrigo todo el invierno.

coin   moneda   *I gave a few coins to the children.*   Di algunas monedas a los niños.

cold   frío; resfriado, catarro   *I can't stand the cold.*   No aguanto el frío.   *I am very cold.*   Tengo mucho frío.   *I have a bad cold.*   Tengo un resfriado malo.

collect   recoger, cobrar   *They collect garbage on Mondays and Thursdays.*   Recogen la basura los lunes y jueves.   *He is coming to collect the money I owe him.*   Viene a cobrar el dinero que le debo.

come   venir   *Why don't you come with us?*   ¿Por qué no viene usted con nosotros?   *Come here.*   Venga (Ven) acá.

comfortable   cómodo/a   *I don't feel comfortable here.*   No me siento cómodo aquí.

common   común   *This sort of crime is not common around here.*   Esta clase de crimen no es común por aquí.

complain quejarse *You can complain to the manager.* Puede quejarse al gerente.

complaint queja *We have had many complaints recently in this department.* Hemos tenido muchas quejas recientemente en este departamento.

computer computadora, ordenador *I want to learn to use the computer.* Quiero aprender a usar la computadora.

concert concierto *There are concerts every night at the cultural center.* Hay conciertos todas las noches en el centro cultural.

conference conferencia *We attended a very valuable conference.* Asistimos a una conferencia muy valiosa.

congratulations felicitaciones, enhorabuena *Congratulations on your promotion.* Felicitaciones en su ascenso.

consulate consulado *Go to the consulate if you have immigration problems.* Vaya al consulado si tiene problemas de inmigración.

continue continuar, seguir *I want to continue with my studies.* Quiero continuar con mis estudios.

convenient conveniente, cómodo/a *I can come at an hour convenient for you.* Puedo venir a una hora conveniente para usted.

cook cocinar *She has learned to cook very well.* Ella ha aprendido a cocinar muy bien.

corner esquina; rincón *Turn left at the next corner.* Doble a la izquierda en la próxima esquina. *Put the chair in that corner.* Ponga la silla en ese rincón.

correct correcto *Tell me the correct way to say this.* Dígame la manera correcta de decir esto.

cost costar, valer *How much will all this cost?* ¿Cuánto costará todo esto?

cotton algodón *We have cotton and silk blouses.* Tenemos blusas de algodón y de seda.

cough tos; toser *You're coughing too much; take these tablets for your cough.* Estás tosiendo demasiado; toma estas pastillas para tu tos.

count contar *Can we count on you?* ¿Podemos contar con usted?

country país; campo *In what country were you born?* ¿En qué país nació usted? *We would like to spend a few days in the country.* Nos gustaría pasar algunos días en el campo.

courteous cortés *It was not a very courteous reply.* No fue una respuesta muy cortés.

crash choque; chocar *Two cars crashed at the intersection.* Chocaron dos coches en la cruz de calles.

crazy loco *This noise is driving me crazy.* Este ruido me está volviendo loco.

credit crédito *I think I've lost my credit card.* Creo que se me perdió mi tarjeta de crédito.

cross cruz; cruzar, atravesar *The Red Cross helped the victims of the storm.* La Cruz Roja ayudó a las víctimas de la tormenta. *Cross the street carefully.* Cruce la calle con cuidado.

cry llorar *It hurt so much that he began to cry.* Dolió tanto que empezó a llorar.

cup taza *A cup of tea with lemon, please.* Una taza de té con limón, por favor.

custom costumbre *Some of our customs may be different from yours.* Algunas de nuestras costumbres pueden ser diferentes de las suyas.

customer cliente *The customer is always right.* El cliente siempre tiene razón.

customs aduana *When do we go through Customs?* ¿Cuándo pasamos por la aduana?

cut cortar *I can't cut anything with this knife.* No puedo cortar nada con este cuchillo.

damage daño *The hurricane caused a lot of damage.* El huracán causó mucho daño.

dance baile; bailar *Would you like to dance the last dance with me?* ¿Quieres bailar el último baile conmigo?

danger peligro *You can pass by now, there is no longer any danger.* Pueden pasar ahora, ya no hay peligro.

dangerous peligroso *It is dangerous to go to the park alone at night.* Es peligroso ir a solas al parque de noche.

dark oscuro *In the winter it is already dark at five o'clock.* En el invierno ya está oscuro a las cinco.

darling querido, querida *My darling, let's get married tonight.* Querida mía, vamos a casarnos esta noche.

date fecha; cita *What is today's date?* ¿Cuál es la fecha de hoy? *I have a date with my girlfriend tonight.* Tengo una cita con mi novia esta noche.

day día *My favorite days are Saturday and Sunday.* Mis días favoritos son sábado y domingo.

dead muerto *We did not know if he was dead or alive.* No sabíamos si estaba vivo o muerto.

deaf sordo *He didn't hear the announcement because he is deaf.* No oyó el aviso porque es sordo.

dear querido; estimado *Dear friends, listen to me, please.* Queridos amigos, escúchenme, por favor.

death muerte *I saw in the newspaper the announcement of his death.* Vi en el periódico el aviso de su muerte.

debt deuda *They will have to take out a loan to pay all their debts.* Tendrán que sacar un préstamo para pagar todas sus deudas.

declare declarar *We have nothing to declare.* No tenemos nada que declarar.

deep hondo, profundo *The lake is very deep where they want to swim.* El lago es muy profundo donde quieren nadar.

delighted encantado *Delighted to meet you.* Encantado de conocerlos.

desire desear, querer *Do you desire anything else?* ¿Desea usted otra cosa?

destination destino *You must write the address clearly if you want your letter to arrive at its destination on time.* Tiene que escribir la dirección claramente si quiere que su carta llegue a su destino a tiempo.

develop desarrollar *The government is trying to develop new industries.* El gobierno está tratando de desarrollar nuevas industrias.

difficult difícil *It is difficult to work and go to school at the same time.* Es difícil trabajar y asistir a la escuela al mismo tiempo.

dine (eat supper) comer, cenar *We always dine at eight o'clock.* Siempre cenamos a las ocho.

dining room comedor *When we have guests we eat in the dining room.* Cuando tenemos huéspedes comemos en el comedor.

dinner cena, comida *Will you help me prepare dinner tonight?* ¿Quieres ayudarme a preparar la cena esta noche?

direct directo/a *Take the most direct route, please.* Tome la ruta más directa, por favor.

direction dirección, rumbo *In what direction are you going?* ¿En qué dirección van ustedes?

dirty sucio/a *These dishes are dirty.* Estos platos están sucios.

distance distancia *What is the distance from here to San Francisco?* ¿Cuál es la distancia de aquí a San Francisco? *in the distance* a lo lejos

dollar dólar *The value of the dollar is going up.* El valor del dólar está subiendo.

door puerta *The door was closed when I arrived.* La puerta estaba cerrada cuando llegué.

double doble *You'll have to pay double in this store.* Tendrá que pagar el doble en esta tienda.

doubt duda; dudar *Without doubt, he is telling the truth.* Sin duda, está diciendo la verdad. *I doubt that they have left.* Dudo que hayan partido.

down abajo *They found him facedown in the street.* Lo encontraron cara abajo en la calle.

downtown   centro (comercial)   *There is a lot of activity downtown.*
Hay mucha actividad en el centro.

dozen   docena   *I sent her a dozen roses for her birthday.*   Le mandé
a ella una docena de rosas para su cumpleaños.

dream   sueño   *He went to a psychiatrist to interpret his dreams.*
Fue a un psiquiatra para interpretar sus sueños.

dress   vestido; vestir(se)   *I have to buy a new dress.*   Tengo que comprar un nuevo vestido.   *We have to get dressed for the party.*
Tenemos que vestirnos para la fiesta.

drink   bebida, trago; beber, tomar   *What will you have, a soft drink
or a beer?*   ¿Qué van a tomar, un refresco o una cerveza?   *A drink
of water, please.*   Un trago de agua, por favor.

drive   manejar, conducir   *You can't drive until you get your license.*
No puede manejar hasta que consiga su licencia.

driver   chófer   *I can't drink because I am the driver tonight.*   No
puedo beber porque yo soy el chófer esta noche.

drunk   borracho   *He's drunk; give him a cup of coffee.*   Está borracho; dale una taza de café.

dry   seco/a   *The land is very dry because it hasn't rained for four weeks.*
La tierra está muy seca porque no ha llovido por cuatro semanas.

during   durante   *We like to travel during the summer.*   Nos gusta
viajar durante el verano.

each   cada   *Each one of you must participate.*   Cada uno de ustedes
tiene que participar.

early   temprano   *I like to get up early.*   Me gusta levantarme temprano.

earn   ganar   *How much do you earn per month?*   ¿Cuánto gana
usted al mes?

earth   tierra, mundo   *There is no other place like this on earth.*   No
hay otro lugar como éste en la tierra.

east   este   *The largest cities are in the east.*   Las ciudades más
grandes están en el este.

easy   fácil   *It seems very easy but it isn't.*   Parece muy fácil pero no
lo es.

eat   comer   *If you are hungry, eat something.*   Si tienes hambre,
come algo.

elevator   ascensor, elevador   *If possible, give me a room near the elevator.*   Si es posible, deme un cuarto cerca del ascensor.

embassy   embajada   *All the embassies are in the capital.*   Todas las
embajadas están en la capital.

employee   empleado/a   *All employees receive medical benefits.*
Todos los empleados reciben beneficios médicos.

employment empleo *What type of employment are you looking for?* ¿Qué clase de empleo busca usted?

empty vacío/a *The glass is half empty.* El vaso está medio vacío.

end fin *You can leave it until the end of the month.* Puede dejarlo hasta el fin del mes.

English inglés *I don't speak English very well yet.* No hablo inglés muy bien todavía.

enjoy gozar, divertirse *They enjoy good health.* Gozan de buena salud. *Enjoy yourselves!* ¡Que se diviertan!

enough bastante, suficiente *Do you have enough money?* ¿Tienes bastante dinero?

enter entrar *No one has entered yet.* Nadie ha entrado todavía.

envelope sobre *I have the letter written but I don't have an envelope.* Tengo la carta escrita pero no tengo un sobre.

equal igual *Everyone is equal under the law.* Todos son iguales bajo la ley.

even hasta *Even his own party doesn't support him.* Hasta su propio partido no lo apoya.

evening tarde, noche *In the evening we like to take a little walk.* Por la tarde nos gusta dar un paseíto.

ever alguna vez, jamás *Have you ever seen such wealth?* ¿Han visto ustedes jamás tanta riqueza?

every cada *Every time I see him he asks me for money.* Cada vez que le veo a él me pide dinero.

everybody, everyone todo el mundo, todos *Everybody already knows about it.* Todo el mundo ya lo sabe.

everything todo *I had to give him everything that I had.* Tuve que darle a él todo lo que tenía.

exactly exactamente *Can you describe exactly what you saw?* ¿Puede usted describir exactamente lo que vio?

example ejemplo *Can you give me an example of this construction?* ¿Puede usted darme un ejemplo de esta construcción?

exchange cambio; cambiar *What is the rate of exchange?* ¿Cuál es el tipo de cambio? *Where can I exchange my money?* ¿Dónde puedo cambiar mi dinero?

excuse excusa; excusar, perdonar, disculpar *I do not have a good excuse, but please excuse me this time.* No tengo una buena excusa, pero tengan la bondad de perdonarme esta vez.

exit salida *There are various exits in this building.* Hay varias salidas en este edificio.

expensive caro/a *Do you have anything less expensive?* ¿Tiene usted algo menos caro?

explain explicar *Explain it to me again.* Explíquemelo otra vez.

eyeglasses   lentes, anteojos, espejuelos, gafas   *I need glasses for reading*.   Necesito lentes para leer.

face   cara, rostro   *He has a very innocent face*.   Tiene una cara muy inocente.

fail   fracasar; suspender   *His company will fail without help from the government*.   Su compañía fracasará sin ayuda del gobierno.   *The professor failed almost half the class*.   El profesor suspendió casi la mitad de la clase.

fair   feria; justo/a, razonable; claro/a, rubio/a   *Where will the next World's Fair take place?*   ¿Dónde tendrá lugar la próxima feria mundial?   *That's not fair!*   ¡Eso no es justo!   *They offered a fair price*.   Ofrecieron un precio razonable.   *She has a fair complexion*.   Ella tiene la tez clara.

fall   caer(se)   *I broke my wrist when I fell*.   Me rompí la muñeca cuando me caí.

false   falso/a   *The evidence they presented was false*.   La evidencia que presentaron fue falsa.

family   familia   *After earning enough money I will send for my family*.   Después de ganar bastante dinero enviaré por mi familia.

far   lejos   *I don't want to be very far from my relatives*.   No quiero estar muy lejos de mis parientes.

fast   rápido/a   *It was a fast and enjoyable trip*.   Fue un viaje rápido y divertido.

fat   gordo/a   *He became fat because he was eating too much*.   Se puso gordo porque estaba comiendo demasiado.

fault   falta, culpa   *We all have our faults*.   Todos tenemos nuestras faltas.   *It's not my fault*.   No es mi culpa.

fear, be afraid   miedo, temor   *Don't be afraid; I am here*.   No tengas miedo; yo estoy aquí.

fee   cuota; honorarios   *I don't know if I can pay this doctor's fee*.   No sé si puedo pagar los honorarios de este médico.

feed   dar de comer   *She has to be home early in order to feed the children*.   Tiene que estar en casa temprano para dar de comer a los niños.

feel   sentir(se)   *You won't feel anything*.   No va a sentir nada.   *How do you feel now?*   ¿Cómo se siente ahora?

fever   fiebre   *I can't go out now; I have a fever*.   No puedo salir ahora; tengo fiebre.

few   pocos   *Few foreigners have been here*.   Pocos extranjeros han estado aquí.

field   campo   *In the distance the fields of wheat can be seen*.   A lo lejos se pueden ver los campos de trigo.

fight lucha, pelea, riña, conflicto; luchar, pelear, reñir *It's a fight to the death.* Es una lucha a la muerte. *I can't fight any longer.* No puedo luchar más.

fill llenar *Fill the tank, please.* Llene el tanque, por favor.

film película *I need film for my camera.* Necesito película para mi cámara. *I like foreign films.* Me gustan las películas extranjeras.

find hallar, encontrar *I don't know if I will be able to find another friend like you.* No sé si podré encontrar otro amigo como usted.

fine multa; bien *If you leave your car there, you will have to pay a fine.* Si usted deja su coche allí, tendrá que pagar una multa. *I'm feeling fine, thank you.* Me siento muy bien, gracias.

finish acabar, terminar *I don't know if I will finish this task today or tomorrow.* No sé si terminaré esta tarea hoy o mañana.

fire fuego, incendio *What did you do when the fire broke out?* ¿Qué hizo usted cuando estalló el fuego? *There was a terrible fire in the woods last week.* Hubo un incendio terrible en el bosque la semana pasada.

fit caber; sentar *How many more can fit in here?* ¿Cuántos más pueden caber aquí? *This jacket does not fit well.* Esta chaqueta no me sienta bien.

fix componer, arreglar *They have to fix my television set.* Tienen que componer mi televisor.

flat llano/a, plano/a *The land around here is very flat.* La tierra por aquí es muy llana.

flavor sabor *My favorite flavor is vanilla.* Mi sabor favorito es vainilla.

flight vuelo *Perhaps they'll come on the next flight.* Quizás vendrán en el próximo vuelo.

floor piso; suelo *On what floor is your apartment?* ¿En qué piso está su departamento? *Don't leave your clothing on the floor.* No dejes tu ropa en el suelo.

flower flor *He sends flowers to his mother on Mother's Day.* Manda flores a su madre el Día de las Madres.

fly mosca; volar *There are many flies this summer.* Hay muchas moscas este verano. *Now the plane is flying above the clouds.* Ahora el avión está volando sobre las nubes.

food alimento, comida *Some poor families don't have enough food.* Algunas familias pobres no tienen bastante comida.

for para, por *Are there any letters for me?* ¿Hay cartas para mí? *It is valid for one year.* Es válido por un año.

force fuerza *The force of the wind knocked down the tree.* La fuerza del viento derribó el árbol.

foreign   extranjero/a   *It is useful to know a foreign language.*   Es útil saber una lengua extranjera.

forget   olvidar   *I have forgotten his phone number.*   He olvidado su número de teléfono.

fork   tenedor   *The small fork is for the dessert.*   El tenedor pequeño es para el postre.

forward   adelante   *Go forward and don't look back.*   Siga adelante y no mire hacia atrás.

free   libre; gratis   *I'll be free after six o'clock.*   Estaré libre después de las seis.   *Admission is free on Tuesdays.*   La entrada es gratis los martes.

fresh   fresco/a   *The fruit is very fresh in this market.*   La fruta está muy fresca en este mercado.

friend   amigo   *They are old friends of mine.*   Son viejos amigos míos.

from   de, desde   *Where are you from?*   ¿De dónde es usted?   *From here I can't see them.*   Desde aquí no puedo verlos.

front   frente   *They sent all the soldiers to the front.*   Mandaron a todos los soldados al frente.   *They gathered in front of the city hall.* Se reunieron en frente del ayuntamiento.

full   lleno; pleno   *We will have a full moon tonight.*   Tendremos una luna llena esta noche.

funny   gracioso, divertido, cómico   *It was a very funny story.*   Fue un cuento muy cómico.

furnished   amueblado   *I think it would be better to take a furnished apartment.*   Creo que sería mejor tomar un apartamento amueblado.

furniture   muebles   *We would like to buy modern furniture for our new apartment.*   Quisiéramos comprar muebles modernos para nuestro nuevo apartamento.

gallery   galería   *There are many art galleries on 57th Street.*   Hay muchas galerías de arte en la calle 57.

game   juego; partido   *Chess is a difficult game but I like it.*   El ajedrez es un juego difícil pero a mí me gusta.   *Do you want to accompany us to the football game tonight?*   ¿Quieren ustedes acompañarnos al partido de fútbol esta noche?

garbage   basura   *Take out the garbage when you leave.*   Saque la basura cuando salga.

garden   jardín   *Is the botanical garden far from here?*   ¿Está lejos de aquí el jardín botánico?

gardener   jardinero   *Is there work for gardeners in this area?*   ¿Hay trabajo para jardineros en esta vecindad?

gentleman   caballero, señor   *A gentleman never reveals certain secrets.*   Un caballero nunca revela ciertos secretos.

get   conseguir, obtener   *It will be hard to get all these things in one store.*   Será difícil conseguir todas estas cosas en una sola tienda. *to get off* bajar   *Please tell me when I have to get off.*   Haga el favor de decirme cuando tengo que bajar.

gift   regalo   *They received many gifts for their anniversary.*   Recibieron muchos regalos para su aniversario.

girl   niña, chica, muchacha   *It seems that there are more girls than boys at this party.*   Parece que hay más chicas que chicos en esta fiesta.

give   dar   *I will give him your message as soon as he comes.*   Le daré su mensaje en cuanto venga.

glad   contento/a   *We are very glad to see you again.*   Estamos muy contentos de verlos otra vez.

glass   vaso   *I would like a glass of lemonade.*   Me gustaría un vaso de limonada.

go   ir   *I can't go without you.*   No puedo ir sin ti.

God   Dios   *Thank God.*   Gracias a Dios.   *Only God knows.*   Sólo Dios sabe.

gold   oro   *They gave him a gold watch when he retired.*   Le dieron un reloj de oro cuando se jubiló.

good   buen(o/a)   *Good morning. It seems that we are going to have good weather today.*   Buenos días. Parece que vamos a tener buen tiempo hoy.

good-bye   adiós   *Good-bye and good luck.*   Adiós y buena suerte.

government   gobierno   *The present government has many problems.*   El gobierno actual tiene muchos problemas.

grass   hierba, césped, grama   *Keep off the grass.*   Se prohibe pisar la hierba.

great   gran(de)   *Lincoln was a great president, in fact, one of the greatest.*   Lincoln fue un gran presidente, en efecto, uno de los más grandes.

greeting   saludo   *Warm greetings to your parents.*   Saludos cordiales a sus padres.

groceries   comestibles   *We have to buy groceries for next week.*   Tenemos que comprar comestibles para la semana que viene.

ground   tierra   *I am happy to be on solid ground again.*   Me alegro de estar en tierra firme otra vez.

guest   huésped   *All the guests are already here.*   Todos los huéspedes ya están aquí.

guide   guía   *Our guide will take us to all the points of interest.*   Nuestro guía nos llevará a todos los puntos de interés.

guidebook   guía   *How much does a good guidebook cost?*   ¿Cuánto cuesta una buena guía?

hair   pelo   *I need a haircut.*   Necesito un corte de pelo.

half   medio/a, mitad   *It is half past eight.*   Son las ocho y media. *He lost half of his fortune.*   Perdió la mitad de su fortuna.

handkerchief   pañuelo   *She was crying so much that I had to give her my handkerchief.*   Estaba llorando tanto que tuve que darle a ella mi pañuelo.

handsome   guapo/a   *Her fiancé is very handsome.*   Su novio es muy guapo.

happen   pasar, suceder   *What happened?*   ¿Qué pasó? ¿Qué sucedió?

happy   feliz   *They don't have much money, but they are happy.*   No tienen mucho dinero pero son felices.   *Happy New Year!*   ¡Feliz Año Nuevo!

hard   duro; difícil   *This bread is so hard that I can't eat it.*   Este pan está tan duro que no lo puedo comer.   *It was a very hard test.*   Fue un examen muy difícil.

harm   daño   *They are trying to protect you from harm.*   Están tratando de protegerte de daño.

hat   sombrero   *Take off your hat when I introduce you.*   Quítate el sombrero cuando te presento.

have   tener; haber   *I have a lot to do today, but I haven't done anything yet.*   Tengo mucho que hacer hoy, pero no he hecho nada todavía.

he   él   *Who is he? He is my husband.*   ¿Quién es él? Él es mi esposo.

headache   dolor de cabeza   *I have a headache tonight.*   Tengo un dolor de cabeza esta noche.

health   salud   *Health is worth more than anything.*   La salud vale más que nada.

hear   oír   *I want to hear the latest news.*   Quiero oír las últimas noticias.

heat   calor   *I can't stand the heat in summer.*   No puedo aguantar el calor en el verano.

heavy   pesado   *I can't lift such a heavy suitcase.*   No puedo levantar una maleta tan pesada.

hell   infierno   *In summer it is as hot as hell.*   En el verano hace tanto calor como el infierno.

hello   hola   *Hello! How are you?*   ¡Hola! ¿Cómo está usted?

help   ayuda, socorro   *If you need urgent help, dial 911.*   Si necesita ayuda urgente, marque 911.   *Help! I'm choking!*   ¡Soccoro! ¡Me ahogo!

her   la; su   *We are helping her find her key.*   La ayudamos a buscar su llave.

here   aquí, acá   *You'll be able to rest here if you wish.*   Ustedes podrán descansar aquí si quieren.

high   alto/a   *These are the highest mountains in the state.*   Estas son las montañas más altas del estado.   *The prices are too high.*   Los precios son demasiado altos.

highway   carretera   *By taking the highway we can be there within three hours.*   Tomando la carretera, podemos estar allí dentro de tres horas.

him   le, lo   *I don't see him very much but I write to him every week to encourage him in his studies.*   No le veo mucho, pero le escribo cada semana para animarlo en sus estudios.

his   su, suyo   *He has lost his coat, but I don't think this one is his.*   Ha perdido su abrigo pero creo que éste no es el suyo.

holiday   fiesta, día festivo   *The parking rules are different on holidays.*   Los reglamentos de estacionamiento son diferentes los días festivos.

home   casa   *I want to return home today.*   Quiero volver a casa hoy.

hope   esperanza; esperar   *Is there any hope?*   ¿Hay alguna esperanza?   *I hope you can come with us.*   Espero que pueda venir con nosotros.   *I hope so.*   Espero que sí.

hot   caliente; picante   *His forehead is very hot.*   Tiene la frente muy caliente.   *I like Mexican food, but not when it is too hot.*   Me gusta la comida mexicana, pero no cuando sea demasiado picante.

hour   hora   *How many hours did you work today?*   ¿Cuántas horas trabajó usted hoy?

house   casa   *We did not buy the house because the bank did not give us a loan.*   No compramos la casa porque el banco no nos dio un préstamo.   *Our house is your house.*   Nuestra casa es su casa.

housekeeper   empleada doméstica   *I am looking for work as a housekeeper.*   Busco trabajo come empleada doméstica.

how   cómo   *How are you?*   ¿Cómo está usted?   *How do you say this in English?*   ¿Cómo se dice esto en inglés?

hunger   hambre   *Hunger is the best sauce.*   El hambre es la mejor salsa.

hungry (to be hungry)   tener hambre   *I can't eat if I am not hungry.*   No puedo comer si no tengo hambre.

hurry   prisa; apresurarse, darse prisa   *We are in a hurry because it is late.*   Tenemos prisa porque es tarde.   *Hurry up, please.*   Apresúrese, por favor.

hurt   daño   *They don't want to hurt you.*   No quieren hacerte daño.

I   yo   *Almost everyone is in agreement, but I am opposed.*   Casi todo el mundo está conforme, pero yo me opongo.

ice   hielo   *This lemonade needs more ice.*   Esta limonada necesita más hielo.

ice cream   helado   *We all like ice cream.*   A todos nos gusta el helado.

if   si   *I don't know if we can do this without you.*   No sé si podemos hacer esto sin usted.

ill   enfermo/a, malo/a   *My son can't go to school today because he is ill.*   Mi hijo no puede ir a la escuela hoy porque está enfermo.

immediately   inmediatamente, en seguida   *I want you to sit down immediately.*   Quiero que se sienten inmediatamente.

in   en   *Try to say it in English.*   Trate de decirlo en inglés.

inside   dentro, adentro, dentro de   *It's cold outside: it would be better to stay inside.*   Hace frío afuera: sería mejor quedarnos dentro.   **inside out**   al revés

instead   en vez de   *Instead of staying home, you ought to go out and meet new people.*   En vez de quedarte en casa, debieras salir y conocer a nueva gente.

insurance   seguro   *He wants to buy an insurance policy.*   Quiere comprar una póliza de seguro.

insure   asegurar   *I want to insure my baggage.*   Quiero asegurar mi equipaje.

interest   interés   *He doesn't show any interest in what we are doing.*   No muestra ningún interés en lo que estamos haciendo.

interesting   interesante   *It's a very interesting theory.*   Es una teoría muy interesante.

introduce   presentar   *Will you introduce me to your cousin?*   ¿Quiere usted presentarme a su prima?

iron   planchar   *Please iron my blouses and my husband's shirts.*   Planche mis blusas y las camisas de mi esposo, por favor.

it   lo, la   *It is not necessary to do it now.*   No es necesario hacerlo ahora.   *I don't have it.*   No la tengo.

jacket   chaqueta, saco   *He took off his jacket because it was so hot.*   Se quitó la chaqueta porque hacía tanto calor.

jail   cárcel   *They put him in jail though he said he was innocent.*   Lo metieron en la cárcel aunque dijo que era inocente.

jewel   joya   *They stole all her most precious jewels.*   Le robaron todas sus joyas más preciosas.

job   empleo   *He has found a good job.*   Ha encontrado un buen empleo.

joke   chiste   *Many speakers begin their talks with a joke.*   Muchos oradores empiezan sus discursos con un chiste.

joy   alegría   *Our grandchildren jump with joy when they see us.*   Nuestros nietos dan saltos de alegría cuando nos ven.

judge   juez   *Everybody stands up when the judge enters the court.*
Todo el mundo se levanta cuando el juez entra en la corte.

jump   saltar   *In order to escape from the fire he jumped from the window.*   Para escapar del fuego saltó de la ventana.

just   justo; exactamente   *This is not just, and I am going to protest.*
Esto no es justo y voy a protestar.   *This is just what I want.*   Esto es exactamente lo que quiero.

keep   guardar; quedarse con   *She can't keep a secret.*   Ella no puede guardar un secreto.   *Keep the change.*   Quédese con la vuelta.

key   llave   *Ask for another key at the reception desk.*   Pida otra llave en la recepción.

kill   matar   *If I find him I'll kill him.*   Si lo encuentro lo mataré.

kind   amable; clase   *You are very kind.*   Es usted muy amable.
What kind of person would do such a thing?   ¿Qué clase de persona haría tal cosa?

king   rey   *These days most kings do not have much power.*   Hoy día la mayor parte de los reyes no tienen mucho poder.

kiss   beso; besar   *Many kisses for the children.*   Muchos besos para los niños.   *The bride and groom kissed after the ceremony.*   Los novios se besaron después de la ceremonia.

kitchen   cocina   *I need a comfortable kitchen to prepare the meals.*
Necesito una cocina cómoda para preparar las comidas.

knife   cuchillo   *We have to help the children cut their food with a knife.*   Tenemos que ayudar a los niños a cortar su comida con un cuchillo.

knock   llamar, tocar (a la puerta)   *Knock before entering.*   Llame a la puerta antes de entrar.

know   saber; conocer   *I do not know the governor personally, but I know that he speaks Spanish.*   No conozco personalmente al gobernador, pero sé que habla español.

lady   señora, dama   *The lady who has just entered is my aunt.*   La señora que acaba de entrar es mi tía.

lake   lago   *We can cross the lake in a sailboat.*   Podemos cruzar el lago en un barco de vela.

lamp   lámpara   *We have to put two lamps in the living room.*
Tenemos que meter dos lámparas en la sala.

land   tierra   *This land is mine and no one can take it away from me.*
Esta tierra es mía y nadie puede quitármela.

language   lengua, idioma   *A traveler should study the language of the country he is going to visit.*   Un viajero debe estudiar el idioma del país que va a visitar.

large grande *This box isn't large enough.* Esta caja no es bastante grande.

last último *This is the last time that I am telling it to you.* Esta es la última vez que te lo digo.

late tarde *Better late than never.* Más vale tarde que nunca.

laugh reír(se) *They all began to laugh when he came in.* Todos empezaron a reír cuando él entró.

lavatory lavabo, baño, aseos *Where are the lavatories?* ¿Dónde están los lavabos?

law ley *Congress has to approve the new law.* El congreso tiene que aprobar la nueva ley.

learn aprender *I am learning more English every day.* Estoy aprendiendo más inglés cada día.

least menos *This is the least I can do.* Esto es lo menos que puedo hacer.

leather cuero *We are looking for a leather suitcase.* Buscamos una maleta de cuero.

leave salir, partir, irse *When does the next train leave?* ¿Cuándo sale el próximo tren?

left izquierdo *He lost the use of his left hand.* Perdió el uso de la mano izquierda.

lend prestar *If my friends don't lend me the money, I'll go to the bank.* Si mis amigos no me prestan el dinero, iré al banco.

less menos *This chapter is less difficult than the previous one.* Este capítulo es menos difícil que el anterior.

lesson lección *After two or three lessons you will be able to speak better.* Después de dos o tres lecciones podrá hablar mejor.

let dejar, permitir *They are not letting anyone go in yet.* Todavía no dejan entrar a nadie.

letter carta; letra *I have to write a letter to my family.* Tengo que escribir una carta a mi familia. *My granddaughter is learning the letters of the alphabet.* Mi nieta está aprendiendo las letras del alfabeto.

library biblioteca *There are books on any subject in our library.* Hay libros sobre cualquier tema en nuestra biblioteca.

license licencia *How can I get a driver's license?* ¿Cómo puedo conseguir una licencia para manejar?

lie mentira; mentir *Everything they have said is a lie.* Todo lo que han dicho es una mentira. *Don't lie; tell the truth.* No mientas; di la verdad.

life vida *What is life? Life is a dream.* ¿Qué es la vida? La vida es sueño.

lift levantar *This dictionary weighs so much that I cannot lift it.* Este diccionario pesa tanto que no puedo levantarlo.

light luz *I need more light to be able to read this.* Necesito más luz para poder leer esto.

like querer; gustar; como *Would you like another cup of coffee?* ¿Quiere otra taza de café? *We would like to go to the beach today.* Nos gustaría ir a la playa hoy. *I don't like it.* No me gusta. *There is no one else like him.* No hay otro como él.

line línea *The line is busy.* La línea está ocupada.

list lista; alistar *Here is the grocery list.* Aquí tienes la lista de comestibles.

listen escuchar *Listen carefully to what I am going to tell you.* Escuchen con atención lo que les voy a decir.

little poco; pequeño *He has little influence.* El tiene poca influencia. *Little by little.* Poco a poco. *It is for a little girl.* Es para una niña pequeña.

live vivir *How long have you lived here?* ¿Cuánto tiempo hace que viven ustedes aquí?

living room sala, salón *We like to watch television in our living room.* Nos gusta mirar la televisión en nuestra sala.

lock cerradura; cerrar con llave *We locked the door when we left, but the thieves broke the lock.* Cerramos la puerta con llave cuando salimos, pero los ladrones rompieron la cerradura.

long largo *It's a long trip from here to the town where I was born.* Es un viaje largo desde aquí al pueblo donde yo nací.

look mirar *Why are you looking at me like that?* ¿Por qué me miras así?

lose perder *Have you lost anything?* ¿Ha perdido usted algo?

lot mucho *We have a lot to do.* Tenemos mucho que hacer.

loud alto/a *They were talking in a very loud voice.* Hablaban en voz muy alta.

love amor; amar, querer *If you truly love me, our love will last forever.* Si de veras me quieres, nuestro amor durará para siempre.

low bajo/a *The temperature is very low today.* La temperatura es muy baja hoy.

luck suerte *Good luck in your new business.* Buena suerte en su nuevo negocio.

lunch almuerzo *At what time is lunch served?* ¿A qué hora se sirve el almuerzo?

luxury lujo *It is a luxury hotel.* Es un hotel de lujo.

machine máquina *Do you know how to use a sewing machine?* ¿Sabe usted usar una máquina de coser?

mad enfadado/a, enojado/a; loco/a *Why are you mad [angry] at me?*

¿Por qué estás enojado conmigo? *Have you gone mad [crazy]?* ¿Te has vuelto loco?

magazine   revista   *Foreign magazines are sold in that store.* Se venden revistas extranjeras en aquella tienda.

maid   criada   *I am looking for a job as a maid.* Busco un empleo como criada.

mail   correo, cartas   *Is there any mail for me?* ¿Hay cartas para mí? *by airmail*   por correo aéreo, por avión

make   hacer   *Don't make so much noise.* No hagan tanto ruido.

man   hombre   *The man stood up to give his seat to a very old woman.* El hombre se levantó para dar su asiento a una anciana.

manager   gerente   *Ask the manager if there are any openings in this department.* Pregúntele al gerente si hay vacantes en este departamento.

many   muchos/as   *I came here many years ago.* Vine aquí hace muchos años.

map   mapa   *Consult a highway map before you begin your trip.* Consulte un mapa de carreteras antes de comenzar su viaje.

married   casado   *His eldest daughter is not married yet.* Su hija mayor no está casada todavía.

marry   casarse   *She says she doesn't want to get married yet because she is too young.* Ella dice que no quiere casarse todavía porque es demasiado joven.

match   fósforo, cerilla   *Do you have a match? I'm sorry, but I don't smoke.* ¿Tiene usted un fósforo? Lo siento, pero no fumo.

matter   asunto   *It's a very delicate matter.* Es un asunto muy delicado. *What's the matter?* ¿Qué hay? ¿Qué pasa?

may   poder   *It may be true.* Puede ser verdad. *May I come in?* ¿Se puede entrar?

maybe   acaso, quizás, tal vez   *When I asked her to marry me, she said: perhaps.* Cuando le pedí que se casara conmigo, ella contestó: quizás.

me   me; mí   *They told me that this money would be for me.* Me dijeron que este dinero sería para mí.

meal   comida   *When are the meals served?* ¿Cuáles son las horas de comida?

mean   significar, querer decir   *What does this word mean?* ¿Qué quiere decir esta palabra? *What do you mean?* ¿Qué quiere usted decir?

meet   encontrar; conocer   *I met her by chance in the library.* La encontré por casualidad en la biblioteca. *I would like to meet the governor.* Quisiera conocer al gobernador.

middle   medio/a; centro   *Put the lamp in the middle of the table.*

Ponga la lámpara en el centro de la mesa. *He is a specialist in the literature of the Middle Ages.* Es especialista en la literatura de la Edad Media.

mile   milla   *There are 1.6 kilometers in one mile.* Hay 1.6 kilómetros en una milla.

mine   mío   *Those papers are mine.* Esos papeles son míos. *They are friends of mine.* Son amigos míos.

minute   minuto   *Wait a minute, please.* Espere un minuto, por favor.

mirror   espejo   *Look at yourself in the mirror.* Mírate en el espejo.

miss   señorita; perder; echar de menos, extrañar   *I would like to speak to Miss Smith.* Quisiera hablar con la señorita Smith. *I missed my train and had to take a bus.* Perdí mi tren y tuve que tomar un autobús. *I miss my family very much.* Extraño mucho a mi familia.

mistake   error, falta   *Are there any mistakes in this translation?* ¿Hay errores en esta traducción?

money   dinero   *I must earn more money.* Tengo que ganar más dinero.

month   mes   *We are going to spend a month in Florida.* Vamos a pasar un mes en la Florida.

moon   luna   *There is a full moon tonight.* Hay una luna llena esta noche.

more   más   *I need more time.* Necesito más tiempo.

morning   mañana   *I can see you tomorrow morning at eleven.* Puedo verle mañana por la mañana a las once.

mountain   montaña   *We like to spend our summer vacations in the mountains.* Nos gusta pasar nuestras vacaciones de verano en las montañas.

movie   película; cine   *We can see foreign movies in this movie theater.* Podemos ver películas extranjeras en este cine.

much   mucho/a   *He doesn't have much money.* No tiene mucho dinero. *How much?* ¿Cuánto?

museum   museo   *The Museum of Modern Art is on 53rd Street.* El Museo de Arte Moderno está en la calle 53.

music   música   *There are several classical music stations on the radio.* Hay varias estaciones de música clásica en la radio.

must   deber, tener que   *He must already be there now.* Ya debe de estar allí. *I must learn more English.* Tengo que aprender más inglés.

my   mi   *My wife and my children are not here yet.* Mi mujer y mis hijos no están aquí todavía.

name nombre *John and Mary are popular names in the United States.* John y Mary son nombres populares en los Estados Unidos.

napkin servilleta *I dropped my napkin. Bring me another one, please.* Se me cayó la servilleta. Tráigame otra, por favor.

narrow estrecho *There are many narrow roads in the country.* Hay muchos caminos estrechos en el campo.

near cerca *Our hotel is near the station.* Nuestro hotel está cerca de la estación.

necessary necesario *It will be necessary to go to school for at least ten months.* Será necesario ir a la escuela por lo menos diez meses.

need necesitar *You can count on me if you need anything.* Puede contar conmigo si necesita algo.

never nunca, jamás *I have never been to Mexico.* No he estado nunca en México.

new nuevo *What's new?* ¿Qué hay de nuevo? *Will you give us your new address?* ¿Quiere darnos su nueva dirección?

newspaper periódico *I'm going to buy two newspapers, one in English and one in Spanish.* Voy a comprar dos periódicos, uno en inglés y uno en español.

next próximo, siguiente *Next time I'll study more.* La próxima vez estudiaré más. *We found out the next day.* Lo supimos al día siguiente.

night noche *We don't like to go out at night.* No nos gusta salir de noche.

nobody nadie *Nobody knows the problems I have.* Nadie sabe los problemas que tengo.

noise ruido *I can't stand the noise of the traffic.* No aguanto el ruido del tráfico.

none ninguno *None of them was willing to help me.* Ninguno de ellos quería ayudarme.

noon mediodía *Do you prefer to have lunch at noon or at one o'clock?* ¿Prefiere usted almorzar al mediodía o a la una?

north norte *The wind is blowing from the north.* El viento sopla del norte.

not no *I do not know if I can do it or not.* No sé si puedo hacerlo o no.

nothing nada *I have nothing to say.* No tengo nada que decir.

now ahora *We can discuss it now or later, if you wish.* Podemos discutirlo ahora o después, si quiere.

number número *It is hard to learn the numbers in a foreign language.* Es difícil aprender los números en una lengua extranjera.

of de *The mayor of this town would like to be governor.* El alcalde de este pueblo querría ser gobernador.

office oficina, despacho *He has a large and modern office.* Tiene una oficina grande y moderna.

often a menudo *Often I don't understand what the teacher is saying.* A menudo no entiendo lo que está diciendo el profesor.

okay (O.K.) está bien, de acuerdo, vale *O.K., I'll do what you say.* Está bien, haré lo que usted diga. *Is this okay with you?* ¿Está usted de acuerdo con esto?

old viejo/a *All my friends look older than I do.* Todos mis amigos parecen más viejos que yo.

on en, sobre *I left the papers on the table.* Dejé los papeles sobre la mesa.

only sólo, solamente *I have been here only once, four years ago.* He estado aquí solamente una vez, hace cuatro años.

open abrir; abierto/a *At what time do the banks open?* ¿A qué hora se abren los bancos? *Come in, the door is open.* Pase, la puerta está abierta.

order orden; pedir *Everything is in alphabetical order.* Todo está en orden alfabético. *Are you ready to order?* ¿Están listos para pedir?

other otro *The others will come later.* Los otros vendrán más tarde.

ought deber *I think they ought to consult a lawyer.* Creo que deben consultar un abogado.

our nuestro/a *Our relatives want us to live with them.* Nuestros parientes quieren que vivamos con ellos.

outside fuera, afuera *Wait outside for a few minutes, please.* Esperen fuera por algunos minutos, por favor.

over sobre; encima de *They put a tablecloth over the dining room table.* Pusieron un mantel sobre la mesa del comedor.

owe deber *How much do I owe you?* ¿Cuánto le debo?

owner dueño, propietario *We would like to talk to the owner.* Quisiéramos hablar con el dueño.

package paquete *We can send it all in one big package.* Podemos mandarlo todo en un paquete grande.

page página *The document consists of five pages.* El documento consta de cinco páginas.

pain dolor *Where do you feel the pain?* ¿Dónde siente usted el dolor?

paint pintar *We will have to paint the apartment.* Tendremos que pintar el apartamento.

painting pintura, cuadro *Some famous Spanish paintings are in the Metropolitan Museum.* Algunos famosos cuadros españoles están en el Museo Metropolitano.

pair par *I need several pairs of socks.* Necesito algunos pares de calcetines.

pants pantalones *I think the pants are too long.* Creo que los pantalones son demasiado largos.

paper papel *Bring paper and two pencils to the first session.* Traiga papel y dos lápices a la primera sesión.

pardon perdón; perdonar, disculpar, dispensar *He got down on his knees and asked for pardon.* Se puso de rodillas y pidió perdón. *Pardon me if I have offended you.* Perdóneme si le he ofendido.

park parque; estacionar, parquear *Can we park our car near the entrance to the park?* ¿Podemos estacionar nuestro coche cerca de la entrada al parque?

part parte *In what part of town do you live?* ¿En qué parte de la ciudad vive usted?

party fiesta *We are planning a party for our parents' anniversary.* Estamos planeando una fiesta para el aniversario de nuestros padres.

pass pase; pasar *They don't let you in without a pass.* No le dejan pasar sin pase.

passenger pasajero *All passengers have to get off here.* Todos los pasajeros tienen que bajar aquí.

passport pasaporte *If you lose your passport, go to the consulate at once.* Si pierde su pasaporte, vaya al consulado en seguida.

past pasado *We don't know anything about his past.* No sabemos nada de su pasado.

pay pagar *Who is going to pay the check this time?* ¿Quién va a pagar la cuenta esta vez?

peace paz *They are trying to establish a peace that will last.* Tratan de establecer una paz que dure.

pedestrian peatón *Pedestrians must wait for a green light before crossing the street.* Los peatones deben esperar una luz verde antes de cruzar la calle.

pen bolígrafo, pluma *You have to sign these papers with a pen.* Tiene que firmar estos papeles con una pluma.

pencil lápiz *I prefer to use a pencil so that I can erase my errors.* Prefiero usar un lápiz para poder borrar mis errores.

performance función *When is the last performance?* ¿Cuándo es la última función?

perhaps quizás, tal vez, acaso *Perhaps he won't come because of the bad weather.* Quizás no vendrá a causa del mal tiempo.

permission permiso *You must ask for permission to take pictures.* Hay que pedir permiso para sacar fotos.

permit permitir *They did not let her go in because she did not have a ticket.* No la permitieron entrar porque no tenía billete.

person persona *(He or she) is a very fine person.* Es muy buena persona.

photo(graph) foto(grafía), retrato *We always take lots of photos when we travel.* Siempre sacamos muchas fotos cuando viajamos.

picture retrato, cuadro *He has a picture of his family on his desk.* Tiene un retrato de su familia en su escritorio.

piece pedazo *Give him a piece of bread and a glass of milk.* Dale un pedazo de pan y un vaso de leche.

pill píldora, pastilla *I have to take these pills, one in the morning and one in the evening.* Tengo que tomar estas píldoras, una por la mañana y una por la noche.

pity piedad, lástima *For pity's sake!* ¡Por piedad! *What a pity that he had to leave!* ¡Qué lástima que tuviera que salir!

place lugar, sitio *We are looking for a nice place for our reunion.* Buscamos un sitio agradable para nuestra reunión. *In the first place* En primer lugar

plane avión *When does the plane to Miami leave?* ¿Cuándo sale el avión para Miami?

play juego; jugar; comedia, obra teatral *They present a variety of plays in the theaters of Broadway.* Presentan una variedad de comedias en los teatros de Broadway. *They play very well but they almost never win.* Juegan muy bien pero casi nunca ganan.

pleasant agradable, ameno *We spent a very pleasant afternoon at the beach.* Pasamos una tarde muy agradable en la playa.

please por favor *Please sit down and listen to what the teacher says.* Siéntense, por favor, y escuchen lo que dice el profesor.

pleasure placer *It has been a great pleasure to meet your family.* Ha sido un gran placer conocer a su familia.

pocket bolsillo *He put his hand in his pocket to take out his key.* Metió la mano en el bolsillo para sacar su llave.

point punto *It is a very interesting point.* Es un punto muy interesante.

police policía *We called the police to help us and two police officers came within five minutes.* Llamamos a la policía para ayudarnos y dos policías vinieron dentro de cinco minutos.

polite cortés *Nowadays the children are not as polite as before.* Hoy día los niños no son tan corteses como antes.

politician político *Many politicians make promises that they do not keep.* Muchos políticos hacen promesas que no cumplen.

pool (for swimming) piscina *I always stay at a hotel with a [swimming] pool.* Siempre me quedo en un hotel con una piscina.

poor pobre *Poor people need help from the government.* Los pobres necesitan ayuda del gobierno.

porter; doorman   portero   *The porter will help us with our luggage.* El portero nos ayudará con nuestro equipaje.

post office   correo   *I have to go to the post office to send a certified letter.*   Tengo que ir al correo para mandar una carta certificada.

postcard   tarjeta postal   *I always write a lot of postcards when I travel.* Siempre escribo muchas tarjetas cuando viajo.

prefer   preferir   *Tonight I prefer to stay home and watch television.* Esta noche prefiero quedarme en casa y mirar la televisión.

prepare   preparar   *Who prepares the meals in your house?*   ¿Quién prepara las comidas en su casa?

prescription   receta   *Take this prescription to the pharmacy as soon as possible.*   Lleva esta receta a la farmacia cuanto antes.

present   presente; regalo   *Let us try to avoid the problems of the present in the future.*   Tratemos de evitar los problemas del presente en el futuro.   *Can you help me choose a present for your sister?* ¿Puedes ayudarme a escoger un regalo para tu hermana?

president   presidente   *The president was elected last year.*   El presidente fue elegido el año pasado.

pretty   bonito/a, lindo/a   *Your granddaughter is very pretty.*   Su nieta es muy bonita.

price   precio   *They have the best prices in this store.*   Tienen los mejores precios en esta tienda.

private   privado; particular   *He wanted to talk to me in private.* Quería hablar conmigo en privado.   *All the rooms have a private bath.*   Todos los cuartos tienen un baño privado.   *We live in a private house.*   Vivimos en una casa particular.

privilege   privilegio   *Members of the club have special privileges.* Los miembros del club tienen privilegios especiales.

prize   premio   *It is possible that he may win the Nobel Prize in chemistry.*   Es posible que él gane el Premio Nobel en química.

produce   producir   *The land isn't producing as much as last year because of the drought.*   La tierra no produce tanto como el año pasado a causa de la sequía.

progress   progreso   *The progress that this country has made is quite evident.*   El progreso que este país ha hecho es bastante evidente.

promise   promesa; prometer   *Don't make a promise that you are not going to keep.*   No hagas una promesa que no vas a cumplir.   *He promised that he would return early.*   Prometió que regresaría temprano.

proof   prueba   *What proof do you have?*   ¿Qué pruebas tiene usted?

property   propiedad   *We would like to buy a small property.*   Nos gustaría comprar una pequeña propiedad.

protect   proteger   *We must do this to protect our interests.*   Tenemos que hacer esto para proteger nuestros intereses.

protest protestar *Everyone should protest against this unjust law.* Todo el mundo debe protestar contra esta ley injusta.

prove probar *I can prove that my brother is innocent.* Puedo probar que mi hermano es inocente.

public público *The public has the right to know what is going on.* El público tiene el derecho de saber lo que está pasando.

punish castigar *The teacher punished the children because they did not pay attention.* La maestra castigó a los niños porque no prestaban atención.

pure puro *The water from our well is very pure.* El agua de nuestro pozo es muy pura.

purpose propósito *What is the purpose of your trip?* ¿Cuál es el propósito de su viaje?

purse bolsa; bolso *You can put everything in a smaller purse.* Puedes meterlo todo en una bolsa más pequeña.

push empujar *Try to push a little to the right.* Trate de empujar un poco a la derecha.

put poner, colocar, meter *I don't know where to put the lamp.* No sé donde colocar la lámpara. *He put the money in his pocket.* Metió el dinero en su bolsillo.

quality calidad; cualidad *This cloth is of good quality.* Esta tela es de buena calidad. *The young man has good qualities and we should offer him the job.* El joven tiene buenas cualidades y debiéramos ofrecerle el puesto.

quantity cantidad *There is a discount if one purchases big quantities.* Hay un descuento si uno compra grandes cantidades.

quart casi un litro *Go to the market and buy a quart of milk.* Vaya al mercado y compre un "quart" de leche.

quarter cuarto; 25 centavos *The plane leaves at a quarter past two.* El avión sale a las dos y cuarto. *A telephone call costs a quarter.* Una llamada telefónica cuesta 25 centavos.

queen reina *Spain's queen is named Sophia.* La reina de España se llama Sofía.

question pregunta; cuestión *They asked a lot of questions after the lecture.* Hicieron muchas preguntas después de la conferencia. *It is not a question of money.* No es cuestión de dinero.

quickly rápidamente *Come quickly, please.* Vengan rápidamente, por favor.

quiet tranquilo, quieto; silencio *It's a very quiet neighborhood.* Es un barrio muy tranquilo. *Quiet, please!* ¡Silencio, por favor!

quiz prueba *They give a quiz every week.* Dan una prueba cada semana.

rain lluvia; llover *Everything is very dry; we need several days of rain.*
Todo está muy seco; necesitamos varios días de lluvia. *It rains a lot in April.* Llueve mucho en abril.

raincoat impermeable *It's very cloudy now; take your raincoat.*
Está muy nublado ahora; lleva tu impermeable.

raise aumento; levantar *Ask your boss for a raise.* Pídale un aumento a su jefe. *Raise your hand if you want to speak.* Levanten la mano si quieren hablar.

rapid rápido *It was a very rapid visit.* Fue una visita muy rápida.

rare raro *He is suffering from a very rare disease.* Está sufriendo de una enfermedad muy rara.

rate tarifa; tipo *How much is the hourly rate?* ¿Cuánto es la tarifa por hora? *What is the rate of exchange today?* ¿Cuál es el tipo de cambio hoy?

rather bastante *This is going to be rather difficult.* Esto va a ser bastante difícil.

razor navaja *I have to shave and I can't find my razor.* Tengo que afeitarme y no puedo encontrar mi navaja.

reach alcanzar *I can't reach the upper shelf.* No puedo alcanzar el estante de arriba.

read leer *I don't have time to read all the reports.* No tengo tiempo para leer todos los informes.

ready listo/a *She never is ready on time.* Ella nunca está lista a tiempo.

real verdadero/a *One cannot tell if the diamond is real or an imitation.* No se puede saber si el diamante es verdadero o una inmitación. *real estate* bienes raíces

realize darse cuenta; realizar *I realize that it is not easy to learn a foreign language.* Me doy cuenta de que no es fácil aprender una lengua extranjera. *He realized a profit of $50,000 on that deal.* Realizó una ganancia de $50,000 en ese negocio.

really de veras *I really did not know what was going on.* De veras no sabía lo que estaba pasando.

rear de atrás *Please use the rear exit.* Favor de usar la salida de atrás.

reason razón *He must have his reasons for having said that.* Tendrá sus razones por haber dicho eso.

receipt recibo *Hold on to your receipt for a few days.* Guarde su recibo por algunos días.

receive recibir *I haven't received a letter from home yet.* Todavía no he recibido una carta de casa.

recent reciente *These are our most recent purchases.* Estas son nuestras compras más recientes.

recognize reconocer *After so many years it was difficult for me to* *recognize him.* Después de tantos años me costaba trabajo reconocerlo.

recommend recomendar *Do you recommend that I go to school or that I look for a job?* ¿Recomienda usted que yo vaya a la escuela o que busque un empleo?

reduce reducir, rebajar *The company is trying to reduce the number of employees that it has.* La compañía está tratando de reducir el número de empleados que tiene. *Some stores have reduced their prices.* Algunas tiendas han rebajado sus precios.

refuse rechazar; rehusar; negarse a *Again he refused their offer of help.* Otra vez rechazó su oferta de ayuda. *Finally, they refused to lend him the money.* Finalmente, se negaron a prestarle el dinero.

regards recuerdos, saludos *Give my regards to your parents.* Da mis recuerdos a tus padres.

regret sentir *I regret very much having said that.* Siento mucho haber dicho eso.

reject rechazar *The bank rejected their application for a loan.* El banco rechazó su solicitud por un préstamo.

relative pariente *Do you have any relatives who already live here?* ¿Tiene usted algunos parientes que ya viven aquí?

rely on depender de, contar con *Can I rely on him?* ¿Puedo contar con él?

remain quedar(se) *All his friends left, but he remained another week.* Todos sus amigos se marcharon, pero él se quedó otra semana.

remedy remedio *There are many cough remedies at the drugstore.* Hay muchos remedios para la tos en la farmacia.

remember recordar, acordarse (de) *I couldn't remember his name.* No pude recordar su nombre.

remove quitar *Remove the flowers from the table.* Quite las flores de la mesa.

rent alquiler (*noun*); alquilar (*verb*) *How much is the rent?* ¿Cuánto es el alquiler? *We did not buy the house, but rented it for three months.* No compramos la casa, sino que la alquilamos por tres meses. *For Rent* Se Alquila

repair componer, reparar *Will you be able to repair my watch today?* ¿Podrá usted reparar mi reloj hoy?

repeat repetir *Repeat what you said, please, but more slowly.* Repita lo que dijo, por favor, pero más despacio.

reply respuesta, contestación; responder, contestar *We are waiting for your reply by return mail.* Esperamos su respuesta por vuelta de correo. *Don't fail to reply as soon as possible.* No deje de responder lo antes posible.

request   pedir   *I would like to request a favor of the senator.*
Quisiera pedirle un favor al senador.

resemble   parecerse a   *He doesn't resemble his father at all.*   No se
parece nada a su padre.

reservation   reserva   *Is it necessary to make a reservation in advance?*
¿Es necesario hacer una reserva por anticipado?

reserve   reservar   *I would like to reserve a room for two for the third of
June.*   Quisiera reservar una habitación para dos para el tres de
junio.

residence   residencia, domicilio   *Let us know if you change residence.*   Déjenos saber si cambia de domicilio.

respect   respeto   *He deserves the respect of the entire nation.*
Merece el respeto de toda la nación.

responsible   responsable   *The persons responsible will have to pay for
their crimes.*   Las personas responsables tendrán que pagar por sus
crímenes.

rest   descansar; los demás   *Rest for a while before leaving.*
Descánsele un rato antes de salir.   *All the rest have already seen it.*
Todos los demás ya lo han visto.

result   resultado   *We don't have the results of the elections yet.*   No
tenemos los resultados de las elecciones todavía.

retail   al por menor   *Here they sell only at retail.*   Aquí se vende solamente al por menor.

return   volver, regresar; devolver   *I'll return before six o'clock.*
Regresaré antes de las seis.   *Return tomorrow.*   Vuélvase mañana.
When are you going to return the money I lent you?   ¿Cuándo vas a
devolver el dinero que te presté?

rich   rico/a   *If I were a rich man, I would give a lot of money to the
poor.*   Si yo fuera un hombre rico, daría mucho dinero a los pobres.

ride   paseo   *Would you like to go for a ride in my new car?*   ¿Quiere
usted dar un paseo en mi nuevo coche?

right   derecho; derecha   *You have no right to speak to me like that.*
Usted no tiene derecho a hablarme así.   *Raise your right hand.*
Levante la mano derecha.   *to the right*   a la derecha

ring   anillo, sortija; tocar, sonar   *When are you going to give her the
ring?*   ¿Cuándo vas a darle el anillo?   *Ring the bell.*   Toque el timbre.   *I think I heard the telephone ringing.*   Creo que oí sonar el
teléfono.

ripe   maduro/a   *These melons will be ripe in two or three days.*   Estos
melones estarán maduros en dos o tres días.

rise; arise   levantarse   *I always rise at seven.*   Me levanto siempre a
las siete.   *All the students rose when the professor came in.*   Todos
los alumnos se levantaron cuando el profesor entró.

risk riesgo *There is an element of risk if you buy these stocks.* Hay un elemento de riesgo si usted compra estas acciones.

river río *What is the name of the river that forms the boundary between Texas and Mexico? It is the Rio Grande.* ¿Cómo se llama el río que forma la frontera entre Texas y México? Es el Río Grande.

road camino *What road should I take to be able to get there tonight?* ¿Qué camino debo tomar para poder llegar allí esta noche?

rob robar *Since they needed money, they tried to rob a bank.* Como les hacía falta dinero, trataron de robar un banco.

robber ladrón *All the robbers were arrested that same day.* Todos los ladrones fueron arrestados ese mismo día.

room cuarto, habitación *Two of the rooms are large, but one is small.* Dos de los cuartos son grandes, pero uno es pequeño.

round redondo/a *They have a round table in the conference room.* Tienen una mesa redonda en la sala de conferencias.

row fila *In what row are our seats?* ¿En qué fila están nuestros asientos?

rug alfombra *We will buy a new rug for our living room.* Compraremos una nueva alfombra para nuestra sala.

rule gobernar *The same party has ruled for more than twenty years.* El mismo partido ha gobernado por más de veinte años.

run correr *We'll have to run or we'll miss our train.* Tendremos que correr o perderemos nuestro tren.

safe caja fuerte; seguro/a *At night they put all the money in a safe.* Por la noche meten todo el dinero en una caja fuerte. *It's a safe investment.* Es una inversión segura.

sailor marinero *They say that sailors have a girlfriend in every port.* Dicen que los marineros tienen una novia en cada puerto.

sale venta *There are special sales in all the stores this week.* Hay ventas especiales en todas las tiendas esta semana.

salesclerk vendedor(a), dependiente *The salesclerk will wrap up your purchases.* El dependiente envolverá sus compras.

same mismo *We live on the same street.* Vivimos en la misma calle.

say decir *What did he say to you?* ¿Qué le dijo a usted? *You don't say!* ¡No me diga!

schedule horario *Have they distributed the class schedule for next term?* Han distribuido el horario de clases para el próximo semestre?

school escuela, colegio *I advise you to enroll in a school and learn a trade.* Le aconsejo que se inscriba en una escuela y aprenda un oficio.

science   ciencia   *He took a lot of science courses—biology, chemistry, geology, and physics.*   Tomó muchos cursos de ciencia—biología, química, geología, y física.

scissors   tijeras   *She uses these scissors to cut the new patterns.*   Ella usa estas tijeras para cortar los nuevos patrones.

sea   mar   *The sea is very calm today.*   El mar está muy tranquilo hoy.

search   buscar   *They have searched for him everywhere.*   Lo han buscado en todas partes.

seat   asiento   *Is this seat taken?*   ¿Está ocupado este asiento?

second   segundo/a   *This is the second time that I am taking this class.*   Esta es la segunda vez que tomo esta clase.   *Just a second, please.*   Un segundo, por favor.

see   ver   *I have not seen them recently.*   No los he visto recientemente.

seem   parecer   *It seems that someone has been here already.*   Parece que alguien ya ha estado aquí.

sell   vender   *I would like to sell my old car.*   Me gustaría vender mi coche viejo.

send   mandar, enviar   *Send the letters by airmail.*   Mande las cartas por correo aéreo.

servant   sirviente, doméstico/a   *Only rich people have servants these days.*   Sólo la gente rica tiene domésticas estos días.

serve   servir   *Whom shall I serve first?*   ¿A quién debo servir primero?

service   servicio   *The food is good but the service is very slow.*   La comida es buena pero el servicio es muy lento.

several   varios   *Several friends of mine have recommended this restaurant.*   Varios amigos míos han recomendado este restaurante.

sew   coser   *There are jobs for women who know how to sew.*   Hay puestos para mujeres que sepan coser.

shake   sacudir, agitar; estrechar (la mano)   *Take the tablecloth out and shake it well.*   Saque el mantel y sacúdalo bien.   *Shake [it] well before using [it].*   Agítese bien antes de usarse.   *To shake hands*   estrechar *or* darse la mano

shame   vergüenza   *It's a shame that they haven't resolved it yet.*   Es una vergüenza que no lo hayan resuelto todavía.

shave   afeitarse   *I prefer to shave in the morning.*   Prefiero afeitarme por la mañana.

she   ella   *I would like to go but she says no.*   Yo quisiera ir pero ella dice que no.

ship   barco, buque, vapor   *The trip is slower by ship, but it is very pleasant.*   El viaje por barco es más lento pero es muy agradable.

shirt   camisa   *Take at least two shirts for your trip.*   Lleve por lo menos dos camisas para su viaje.

shoe   zapato   *I need a pair of black shoes for the wedding.*   Necesito un par de zapatos negros para la boda.

shop   tienda; ir de compras   *I prefer to shop at the stores in my neighborhood.*   Prefiero ir de compras en las tiendas en mi barrio.

short   corto/a, breve; bajo/a   *Vacations are always too short.*   Las vacaciones siempre son demasiado breves.   *[He or she] is shorter than [his or her] brother.*   Es más bajo que su hermano.

should   deber   *What should I do now?*   ¿Qué debo hacer ahora?

shout   gritar   *Don't shout; I'm not deaf.*   No grites; no soy sordo.

show   espectáculo, función; enseñar, mostrar   *It was a magnificent show.*   Fue un espectáculo magnífico.   *He did not show me anything.*   No me enseñó nada.

shower   ducha; aguacero   *When it is hot I take a shower to cool off.*   Cuando hace calor tomo una ducha para refrescarme.   *There was a sudden shower while we were in the park.*   Hubo un aguacero repentino mientras estábamos en el parque.

shut   cerrar   *They shut all the windows when it began to rain.*   Cerraron todas las ventanas cuando empezó a llover.

sick   enfermo/a, malo/a   *Stay home if you are sick.*   Quédate en casa si estás enfermo.

side   lado; costado   *He came over and sat down at my side.*   Se acercó y se sentó a mi lado.

sign   aviso, letrero; firmar   *The sign says: Closed on Saturdays and Sundays.*   El letrero dice: Cerrado los sábados y domingos.   *You have to sign in two places.*   Usted tiene que firmar en dos lugares.

signature   firma   *The document is not valid without your signature.*   El documento no es válido sin su firma.

silk   seda   *I am looking for a silk blouse for my aunt.*   Busco una blusa de seda para mi tía.

silver   plata   *He won a silver medal in the Olympics.*   Ganó una medalla de plata en los Juegos Olímpicos.

simple   sencillo   *There is no simple solution to this complicated problem.*   No hay solución sencilla para este problema complicado.

since   desde   *Since when have you been here?*   ¿Desde cuándo han estado ustedes aquí?

sing   cantar   *The three tenors sing very well.*   Los tres tenores cantan muy bien.

single   soltero/a   *My older brother is single but happy.*   Mi hermano mayor es soltero pero feliz.

sir señor *What can I do for you, sir?* ¿En qué puedo servirle, señor? *Dear Sir:* Muy señor mío:

sit sentarse *Where can we sit?* ¿Dónde podemos sentarnos?

size tamaño, número, talla *What size do you wear?* ¿Qué tamaño usa usted?

skirt falda *Many girls prefer to wear a skirt and blouse.* Muchas muchachas prefieren llevar una falda y blusa.

sky cielo *The sky is very blue today.* El cielo está muy azul hoy.

sleep dormir; dormirse *(fall asleep)* *I don't sleep well when I am not in my own house.* No duermo bien cuando no estoy en mi propia casa.

slow lento *It's a very slow process.* Es un proceso muy lento.

slowly lentamente, despacio *He walks slowly because his foot hurts.* Anda lentamente porque le duele el pie.

small pequeño/a *This apartment is too small for us.* Este apartamento es demasiado pequeño para nosotros.

smart listo/a, inteligente *He is the smartest boy in his class.* Es el chico más listo de su clase.

smell olor; oler *I don't like the smell of tobacco.* No me gusta el olor de tabaco. *Do you smell something?* ¿Huele usted algo?

smile sonrisa; sonreír *She has a very cute smile.* Tiene una sonrisa muy mona. *The photographer says: "Smile and say 'cheese.'"* El fotógrafo dice: "Sonrían y digan 'cheese.'"

smoke humo; fumar *If you see or smell smoke, call the firefighters at once.* Si ven o huelen humo, llamen a los bomberos en seguida. *Many people have stopped smoking recently.* Muchas personas han dejado de fumar recientemente.

snack merienda *If you wish, we can have a snack at the corner café.* Si quieres, podemos tomar una merienda en el café en la esquina.

snow nieve; nevar *There was so much snow last year that we couldn't leave our house for a whole week.* Había tanta nieve el año pasado que no podíamos salir de nuestra casa por una semana entera. *It hardly ever snows in the south.* Casi nunca nieva en el sur.

so así; tan *How do you feel? So-so.* ¿Cómo se siente usted? Regular; así, así. *I did not think it would be so hard.* No creí que sería tan difícil.

soap jabón *Wash your hands with soap and water.* Lávate las manos con jabón y agua.

sock calcetín *Socks can be bought in any department store.* Se puede comprar calcetines en cualquier almacén.

some alguno, algunos, unos *Some day you will thank me for what I have done.* Algún día me darás las gracias por lo que he hecho. *Some of you already know me.* Algunos de ustedes ya me conocen.

somebody, someone   alguien   *I am looking for someone who speaks French.*   Busco a alguien que hable francés.

something   algo   *Do you want something to drink?*   ¿Quiere algo que beber?   *Something is better than nothing.*   Más vale algo que nada.

sometimes   a veces   *Sometimes I get bored in class.*   A veces me aburro en clase.

song   canción   *It is hard to understand the words of some popular songs.*   Es difícil entender la letra de algunas canciones populares.

soon   pronto   *Soon they will know the truth.*   Pronto sabrán la verdad.

sorry (to be sorry)   sentir   *We are sorry that you cannot come to the celebration.*   Sentimos que ustedes no pueden venir a la celebración.

sort   tipo, clase, especie   *What type of books are you looking for?*   ¿Qué clase de libros busca usted?

sound   sonido   *I heard a strange sound just now.*   Acabo de oír un ruido extraño.

south   sur   *Mexico is to the south of the United States.*   México está al sur de los Estados Unidos.

souvenir   recuerdo   *Tourists always buy many souvenirs for their friends.*   Los turistas siempre compran muchos recuerdos para sus amigos.

Spanish   castellano, español   *It is easier to get a job if you speak English and Spanish.*   Es más fácil conseguir un empleo si uno habla inglés y castellano.

speak   hablar   *I speak a little English and I am learning more each day.*   Hablo inglés un poco y estoy aprendiendo más cada día.

speed   velocidad   *The speed limit is 65 miles an hour.*   La velocidad máxima es 65 millas por hora.

spend   gastar; pasar   *He spends money as if he were a millionaire.*   Gasta dinero como si fuera millonario.   *You are spending too much time watching television.*   Estás pasando demasiado tiempo mirando la televisión.

spoon   cuchara, cucharita   *We need a tablespoon for the soup and a teaspoon for the coffee.*   Necesitamos una cuchara para la sopa y una cucharita para el café.

sport   deporte   *Baseball is the most popular sport in the United States.*   El béisbol es el deporte más popular de los Estados Unidos.

stairs   escalera   *Use the stairs in case of fire.*   Use la escalera en caso de incendio.

stamp   sello, estampilla   *I need five airmail stamps.*   Necesito cinco sellos aéreos.

stand, stand up   estar de pie; levantarse, ponerse de pie   *The room was so full that many people were standing during the entire lecture.* El cuarto estaba tan lleno que mucha gente estaba de pie durante toda la conferencia.

star   estrella   *You can see many stars when there is no moon.*   Uno puede ver muchas estrellas cuando no hay luna.   *She is a movie star.*   Es una estrella de cine.

start   comenzar, empezar   *It is starting to rain.*   Está empezando a llover.

state   estado   *There are fifty states in our country.*   Hay cincuenta estados en nuestro país.

station   estación   *This train does not stop at the local stations.*   Este tren no para en las estaciones locales.   *Pennsylvania Station, the largest railroad station in New York, is at 34th Street.*   Pennsylvania Station, la estación de ferrocarril más grande de Nueva York, está en la calle 34.

stay   quedarse, permanecer   *We intend to stay for two weeks.*   Pensamos quedarnos por dos semanas.

steal   robar   *They stole all his money and all his credit cards.*   Le robaron todo su dinero y todas sus tarjetas de crédito.

step   paso; pisar   *He can hardly take two steps without a cane.* Apenas puede tomar dos pasos sin bastón.   *Don't step on the flowers.* No pise las flores.   *step by step*   paso a paso

still   todavía   *Are they still here?*   ¿Están aquí todavía?

stop   parada; parar(se), detener(se)   *You have to get off at the next stop.*   Usted tiene que bajar en la próxima parada.   *He stopped the car suddenly to avoid a collision.*   Paró el coche repentinamente para evitar un choque.

store   tienda   *Many of the small stores cannot compete with the large department stores.*   Muchas de las tiendas pequeñas no pueden competir con los grandes almacenes.

straight   derecho   *Go straight ahead for about ten minutes.*   Vaya todo derecho por unos diez minutos.

strange   extraño/a, raro/a   *It's strange that no one has called.*   Es extraño que nadie haya llamado.   *He's a strange character.*   Es un tipo raro.

street   calle   *Be careful when crossing the street.*   Tenga cuidado al cruzar la calle.

strike   huelga; pegar   *The miners went on strike last week.*   Los mineros se declararon en huelga la semana pasada.   *He insists that the policeman struck him without reason.*   Insiste que el policía le pegó sin razón.

strong   fuerte   *I am strong enough to do that kind of work.*   Soy bastante fuerte para hacer esa clase de trabajo.

student   alumno, estudiante   *They all are very diligent students.*   Todos son estudiantes muy diligentes.

study   estudiar   *One must study in order to learn.*   Hay que estudiar para aprender.

style   estilo, moda   *I don't like this style.*   No me gusta este estilo. *You can find the latest clothing styles in this store.*   En esta tienda puede encontrar ropa de la última moda.

subway   metro, subte   *Where is the subway entrance?*   ¿Dónde está la entrada del metro?

success   éxito   *His latest play had a great success.*   Su última obra teatral tuvo un gran éxito.

suit   traje   *I have to buy a new suit for my cousin's wedding.*   Tengo que comprar un nuevo traje para la boda de mi prima.

sun   sol   *It is dangerous to stay in the sun too long.*   Es peligroso quedarse demasiado tiempo al sol.

supper   cena   *Supper is served at eight o'clock.*   Se sirve la cena a las ocho.

support   apoyar; mantener   *We all support the party candidate.*   Todos apoyamos al candidato del partido.   *How can he support his family with the salary he gets?*   ¿Cómo puede mantener a su familia con el sueldo que recibe?

sure   seguro, cierto   *Everything is sure to turn out all right.*   Es seguro que todo saldrá bien.

surname   apellido   *Write your surname first.*   Escriba su apellido primero.

sweep   barrer   *Tomorrow we have to sweep the patio and the garage.*   Tenemos que barrer el patio y el garaje mañana.

sweet   dulce   *This dessert is too sweet for me.*   Este postre es muy dulce para mí.

swim   nadar   *Everybody should learn to swim.*   Todo el mundo debe aprender a nadar.

table   mesa   *Can you give us a table near the window?*   ¿Puede usted darnos una mesa cerca de la ventana?

take   tomar   *We'll have to take a cab to get there on time.*   Tendremos que tomar un taxi para llegar allí a tiempo.

talk   hablar   *What he says is interesting, but I think he talks too much.*   Lo que dice es interesante pero creo que habla demasiado.

tall   alto/a   *He is very tall for his age.*   Es muy alto para su edad.

taste   gusto; probar   *That remark was in bad taste.*   Esa observación fue de mal gusto.   *Taste it; you'll like it.*   Pruébelo; le gustará.

tax   impuesto   *There is no tax on food that is bought in the market.*
No hay impuesto sobre la comida que se compra en el mercado.

teach   enseñar   *Who taught you how to speak English so well?*
¿Quién le enseñó a hablar inglés tan bien?

tell   decir, contar   *Tell us everything that happened.*   Cuéntenos
todo lo que pasó.

thank   agradecer, dar las gracias   *I thank you very much.*   Se lo
agradezco mucho.

thanks   gracias   *Many thanks for your help.*   Muchas gracias por su
ayuda.

that   ese, esa, eso, aquel, aquella, aquello; que   *That man is my
uncle.*   Ese hombre es mi tío.   *That's it.*   Eso es.   *I know that he
will come soon.*   Sé que vendrá pronto.

the   el, la, los, las   *The teacher and the students can go in free.*   El
profesor y los alumnos pueden entrar gratis.

theater   teatro   *There are many theaters on 45th Street.*   Hay
muchos teatros en la calle 45.

their   su, sus   *My children are very happy with their teacher and their
classmates.*   Mis hijos están muy contentos con su profesora y con
sus compañeros de clase.

them   los, las   *Your books? I don't have them.*   ¿Sus libros? Yo no los
tengo.

then   entonces, luego   *We were living in an apartment then.*
Vivíamos entonces en un apartamento.   *Then we bought a house.*
Luego compramos una casa.

there   allí, allá   *I would not like to live there all year long.*   No me
gustaría vivir allí el año entero.

thief   ladrón   *The thief evidently came in through the window and
went out through the door.*   Evidentemente el ladrón entró por la
ventana y salió por la puerta.

thin   delgado, flaco   *You will become thinner if you eat less.*   Te
pondrás más delgado si comes menos.

thing   cosa   *There is no such thing.*   No hay tal cosa.

think   pensar   *What are you thinking about?*   ¿En qué estás pen-
sando?   *What do you think of my girlfriend?*   ¿Qué piensas de mi
novia?

thirsty (to be thirsty)   tener sed   *I like to drink beer when I am thirsty.*
Me gusta tomar una cerveza cuando tengo sed.

through   por   *We came in through the garden.*   Entramos por el
jardín.

throw   echar, arrojar, tirar   *It is forbidden to throw objects out of
the train window.*   Se prohibe tirar objetos por la ventanilla del
tren.

ticket   billete, boleto   *Two round-trip tickets please.*   Dos billetes de ida y vuelta, por favor.

tie   corbata   *A tie is a popular gift on Father's Day.*   La corbata es un regalo popular el Día de los Padres.

time   tiempo; hora; vez   *We do not have a lot of time.*   No tenemos mucho tiempo.   *What time is it?*   ¿Qué hora es?   *This is the last time that I'm coming here.*   Esta es la última vez que vengo aquí.

tip   propina   *Generally one leaves a tip of fifteen percent.*   Generalmente uno deja una propina de quince por ciento.

tire   llanta   *See if I need air in the tires.*   Vea si necesito aire en las llantas.

tired   cansado/a   *I am always tired when I get home.*   Siempre estoy cansado cuando llego a casa.

to   a   *We'll go to a concert tomorrow night.*   Vamos a ir a un concierto mañana por la noche.

together   juntos   *Can we go to the theater together?*   ¿Podemos ir juntos al teatro?

toilet   aseos, baño, excusado, lavabo, retrete, servicio   *The toilets are to the left.*   Los lavabos están a la izquierda.   *toilet paper*   papel higiénico.

tomorrow   mañana   *Don't leave for tomorrow what you can do today.*   No dejes para mañana lo que puedes hacer hoy.

tonight   esta noche   *I don't feel like going out tonight.*   No tengo ganas de salir esta noche.

too   también; demasiado   *He wants to come, too.*   Él también quiere venir.   *The coffee is too hot.*   El café está demasiado caliente.

tooth   diente   *I have a toothache.*   Me duele un diente.   *toothbrush*   cepillo de dientes   *toothpaste*   pasta dentífrica

top (on top of)   encima de   *Leave the packages on top of the table.*   Deje los paquetes encima de la mesa.

touch   tocar   *It is forbidden to touch the paintings in a museum.*   Se prohibe tocar los cuadros en un museo.

toward   hacia   *We were going toward our hotel when we ran into him.*   Íbamos hacia nuestro hotel cuando tropezamos con él.

towel   toalla   *The chambermaid forgot to change our towels today.*   A la camarera se le olvidó de cambiar nuestras toallas hoy.

town   pueblo, ciudad   *We used to live in a picturesque town near a lake.*   Vivíamos en un pueblo pintoresco cerca de un lago.   *I won't be in town this weekend.*   No estaré en la ciudad este fin de semana.

toy   juguete   *We are buying these toys for our grandchildren.*   Compramos estos juguetes para nuestros nietos.

traffic   tráfico, circulación   *There is a lot of traffic at eight in the morning.*   Hay mucho tráfico a las ocho de la mañana.

train tren *When does the next train for Chicago leave?* ¿Cuándo sale el próximo tren para Chicago?

transfer transferencia *Sometimes there is a free transfer from train to bus.* A veces hay una transferencia gratis entre el tren y el autobús.

translate traducir *I have to translate this document into English.* Tengo que traducir este documento al inglés.

travel viajar *We try to travel to Europe every summer.* Intentamos de viajar a Europa todos los veranos.

traveler viajero *Many foreign travelers visit New York.* Muchos viajeros extranjeros visitan a Nueva York.

tree árbol *The trees around our house give us plenty of shade.* Los árboles alrededor de nuestra casa nos dan bastante sombra.

trip viaje *The trip was dangerous and unforgettable.* El viaje fue peligroso e inolvidable.

trouble apuro, dificultad, lío *They don't know how to get out of the trouble they have gotten into.* No saben cómo salir del lío en que se han metido.

trousers pantalones *He wants to buy a suit with two pairs of trousers.* Quiere comprar un traje con dos pares de pantalones.

truck camión *There are many trucks on the highways.* Hay muchos camiones en las carreteras. *pickup truck* camioneta

true verdadero *He was a true patriot who gave his life for his country.* Fue un verdadero patriota que dio su vida por su patria.

trust fiarse de *No one can be trusted.* No se puede fiar de nadie.

truth verdad *[It] seems certain that he has told us the whole truth.* Parece cierto que nos ha dicho toda la verdad.

try tratar, intentar *Try to make less noise.* Traten de hacer menos ruido.

turn doblar; volverse *Go to the next corner and turn right.* Vaya a la próxima esquina y doble a la derecha. *He turned around when he heard his name.* Se volvió cuando oyó su nombre.

twice dos veces *We have warned them twice already.* Ya los hemos advertido dos veces.

ugly feo/a *She is neither beautiful nor ugly, but she is very nice.* No es ni bella ni fea, pero es muy simpática.

umbrella paraguas *It looks as if it is going to rain; take an umbrella just in case.* Parece que va a llover; toma un paraguas, por si acaso.

under debajo de, bajo *They left their toys under the table.* Dejaron sus juguetes debajo de la mesa. *For many years they lived under a cruel dictatorship.* Por muchos años vivieron bajo una dictadura cruel.

understand comprender, entender *Did you understand what he said?* ¿Entendió usted lo que dijo él?

underwear ropa interior *You can buy underwear in any department store.* Se puede comprar ropa interior en cualquier almacén.

unemployed desempleado/a *Many unemployed people ask for money on the street.* Muchas personas desempleadas piden dinero en la calle.

union unión; alianza; sindicato, gremio *The labor unions have a great deal of political power these days.* Los sindicatos tienen mucho poder político estos días. *A union of various European countries has been formed.* Se ha formado una alianza de varios países europeos.

United States Estados Unidos *The flag of the United States of America is red, white, and blue.* La bandera de los Estados Unidos de América es roja, blanca y azul.

until hasta *Until when do we have to wait?* ¿Hasta cuándo tenemos que esperar?

upward hacia arriba *He tripped because he was looking upward.* Tropezó porque estaba mirando hacia arriba.

us nos; nosotros *He called us and told us that he had a letter for us.* Nos llamó y nos dijo que tenía una carta para nosotros.

use usar *I have to use a dictionary all the time.* Tengo que usar un diccionario todo el tiempo.

useful útil *We hope that this little book may be useful to you.* Esperamos que este librito sea útil para usted.

usually usualmente, por lo común *I am usually in the office before nine.* Por lo común estoy en la oficina antes de las nueve.

vacation vacaciones *I'm going to vacation for two weeks in August.* Voy a irme de vacaciones por dos semanas en agosto.

valley valle *It is a very picturesque region with many valleys, mountains, and lakes.* Es una región muy pintoresca con muchos valles, montañas y lagos.

value valor *I am not bringing anything of great value.* No traigo nada de gran valor.

variety variedad *This market offers a great variety of tropical fruit.* Este mercado ofrece una gran variedad de frutas tropicales.

various varios *I have lived in various countries in South America.* He vivido en varios países de Sudamérica.

very muy *This is not very hard.* Esto no es muy difícil.

view vista, panorama *The rooms with a view of the ocean cost more.* Los cuartos con vista del océano cuestan más.

village pueblo, aldea *Life in a village is calmer than life in a big* *city.*   La vida es más tranquila en un pueblo que en una ciudad grande.

visit   visita   *This is our first visit to the United States.*   Esta es nuestra primera visita a los Estados Unidos.

voice   voz   *Repeat it, please, in a louder voice.*   Repítalo, por favor, en voz más alta.

vote   votar   *I don't know for whom to vote.*   No sé por quien votar.

wait   esperar   *We can wait until six o'clock.*   Podemos esperar hasta las seis.

waiter *or* **waitress**   camarero/a, mesero/a   *The waiters in this restaurant are very efficient.*   Los camareros en este restaurante son muy eficientes.

walk   andar, caminar, ir a pie   *Do you want to take the car, or to walk?*   ¿Quieren ustedes tomar el coche o ir a pie?

wall   pared   *Push the table against the wall.*   Empuje la mesa contra la pared.

wallet   cartera   *I must have left my wallet at home.*   Habré dejado mi cartera en casa.

want   querer   *I want to visit my family next week.*   Quiero visitar a mi familia la semana que viene.

war   guerra   *We must do everything possible to avoid another world war.*   Tenemos que hacer todo lo posible para evitar otra guerra mundial.

warm   caliente   *Drink a glass of warm milk before going to bed.*   Toma un vaso de leche caliente antes de acostarte.

warn   advertir, avisar   *I'm warning you: this is the last time that I can lend you money.*   Le advierto: ésta es la última vez que puedo prestarle dinero.

wash   lavar(se)   *The children helped their mother by washing the dishes.*   Por lavar los platos, los niños ayudaron a su madre.

watch   reloj; mirar   *My watch is fast.*   Mi reloj se adelanta.   *Watch what you're doing!*   ¡Mira lo que estás haciendo!   *Watch out!*   ¡Cuidado! ¡Atención!

water   agua   *Many people drink bottled water these days.*   Mucha gente bebe agua embotellada estos días.

way   camino   *Show me the way that I should take.*   Enséñeme el camino que debo seguir.

we   nosotros/as   *We will always be good friends.*   Nosotros siempre seremos buenos amigos.

weak   débil   *He feels weak because he hasn't eaten well for two days.*   Se siente débil porque no ha comido bien por dos días.

wear llevar *The white blouse that you wore last night is pretty.* La blusa blanca que llevabas anoche es bonita.

weather tiempo *How is the weather there in the spring?* ¿Qué tiempo hace allí en la primavera?

wedding boda *Only family members were invited to the wedding.* Sólo miembros de la familia fueron invitados a la boda.

week semana *I saw them last week.* Los vi la semana pasada.

weekend fin de semana *It would be nice to spend a weekend in the country.* Sería agradable pasar un fin de semana en el campo.

weigh pesar *I would like to send this first class if it does not weigh too much.* Quisiera mandar esto primera clase si no pesa demasiado.

welcome bienvenido *Welcome to our house.* Bienvenido a nuestra casa. *You're welcome.* No hay de qué. De nada.

well bien *They speak very well after only three weeks of classes.* Hablan muy bien después de solamente tres semanas de clases.

west oeste *"Go west, young man," was advice given in the nineteenth century.* "Vaya hacia el oeste, joven," fue el consejo dado en el siglo diez y nueve.

wet mojado *The streets are wet after last night's storm.* Las calles están mojadas después de la tormenta de anoche.

what qué, lo que *What do you want me to tell you?* ¿Qué quieres que te diga? *I did not understand what he said.* No comprendí lo que dijo.

when cuando, cuándo *He always greets me warmly when we meet.* Siempre me saluda cordialmente cuando nos encontramos. *When will you return?* ¿Cuándo volverán ustedes?

where donde, dónde *I know where they live.* Yo sé donde viven. *Where are you from?* ¿De dónde son ustedes?

whether si *I don't know whether I can do this without your help.* No sé si puedo hacer esto sin su ayuda.

which, that; which? que; qué, cuál *I am looking for a book that explains English grammar.* Busco un libro que explique la gramática inglesa. *Which book do you want?* ¿Qué libro quiere usted? *Which of these books do you prefer?* ¿Cuál de estos libros prefiere usted?

while rato; mientras *I'm sorry, but you will have to wait a while.* Lo siento pero tendrán que esperar un rato. *You can sit down while you wait.* Pueden sentarse mientras esperan.

who, whom que, quien, quién *The man who invented personal computers is now a millionaire.* El hombre que inventó las computadoras personales es ahora millonario. *I know who he is.* Yo sé quien es. *Well, who is he?* Pues, ¿quién es?

whole todo/a, entero/a *I read the whole novel in one day.* Leí toda la novela en un día.

wholesale   al por mayor   *I can get it for you wholesale.*   Te lo puedo conseguir al por mayor.

whose   de quién; cuyo   *Whose car is this?*   ¿De quién es este carro? *I want to talk to the man whose brother was here yesterday.*   Quiero hablar con el hombre cuyo hermano estuvo aquí ayer.

why   por qué   *I don't know why they did not invite me.*   Yo no sé por qué no me invitaron.

wide   ancho   *It is difficult to cross such a wide street.*   Es difícil cruzar una calle tan ancha.

widow; widower   viuda; viudo   *It seems that there are more widows than widowers.*   Parece que hay más viudas que viudos.

will   querer   *Will you do me a favor?*   ¿Quieres hacerme un favor?

wind(y)   viento   *During the hurricane there were winds of more than one hundred miles an hour.*   Durante el huracán había vientos de más de cien millas por hora.   *It is generally very windy in March.*   Generalmente hace mucho viento en marzo.

window   ventana   *Open the windows if you want fresh air.*   Abre las ventanas si quieres aire fresco.

with   con   *With whom did you go out last night?*   ¿Con quién saliste anoche?

without   sin   *One cannot live in this country without a lot of money.*   No se puede vivir en este país sin mucho dinero.

woman   mujer   *There are women in all professions these days.*   Hay mujeres en todas las profesiones estos días.

wonderful   maravilloso/a, estupendo/a   *It was a wonderful experience.*   Fue una experiencia estupenda.

wood   madera   *They use the best quality of wood to build this furniture.*   Usan madera de la mejor calidad para construir estos muebles.

word   palabra   *I hope to learn at least a thousand words this year.*   Este año espero aprender por lo menos mil palabras.

work   trabajo; trabajar   *What kind of work are you looking for?*   ¿Qué clase de trabajo busca usted?   *I have to work day and night.*   Tengo que trabajar día y noche.

worry   preocuparse, apurarse   *Don't worry about that.*   No se preocupe por eso.

worse; worst   peor   *I feel worse than yesterday.*   Me siento peor que ayer.   *Business is going from bad to worse.*   Los negocios van de mal en peor.   *This is the worst year that we have had.*   Este es el peor año que hemos tenido.

worth (to be worth)   valer   *He is worth much more than we are paying him.*   Vale mucho más de lo que le pagamos.   *It's not worthwhile.*   No vale la pena.

wrap envolver *Wrap it up well; it's for a long trip.* Envuélvalo bien; es para un viaje largo.

write escribir *How do you write that word?* ¿Cómo se escribe esa palabra?

wrong incorrecto, equivocado *You have a wrong number.* Usted tiene un número equivocado. *to be wrong* no tener razón

yard yarda; patio *There is a small yard behind the house.* Hay un pequeño patio detrás de la casa.

year año *How old are you? I am thirty years old.* ¿Cuántos años tiene usted? Tengo treinta años. *Happy New Year!* ¡Feliz Año Nuevo!

yes sí *They said yes, but I have my doubts.* Ellos dijeron que sí, pero yo tengo mis dudas.

yesterday ayer *We went to several museums yesterday and are very tired today.* Fuimos a varios museos ayer y estamos muy cansados hoy.

yet todavía *They have not arrived yet.* No han llegado todavía.

you usted (Ud.), ustedes (Uds.), tú, vosotros *You speak English quite well.* Ud. habla inglés bastante bien. Uds. hablan inglés bastante bien. Tú hablas inglés bastante bien. Vosotros habláis inglés bastante bien.

young joven *My new boss is younger than I am.* Mi nuevo jefe es más joven que yo.

your su, tu *We need your address and phone number.* Necesitamos su (tu) dirección y número de teléfono.

zero cero *The temperature went down to five degrees below zero.* La temperatura bajó a cinco grados bajo cero.

SECCIÓN DE CATEGORÍAS/
CATEGORY SECTION

The family La familia

adult	adulto/a	*grandmother*	abuela
aunt	tía	*grandson*	nieto
baby	nene, nena	*husband*	esposo, marido
bachelor	soltero	*married*	casado/a
brother	hermano	*mother*	madre
brother-in-law	cuñado	*mother-in-law*	suegra
child	hijo/a, niño/a	*nephew*	sobrino
children	hijos; niños	*niece*	sobrina
couple	pareja, matrimonio	*older*	mayor
cousin	primo/a	*parents*	padres de familia
daughter	hija	*single*	soltero/a
daughter-in-law	nuera	*sister*	hermana
divorced	divorciado/a	*sister-in-law*	cuñada
father	padre	*son*	hijo
father-in-law	suegro	*uncle*	tío
fiancé(e), boyfriend, girlfriend, person one dates	novio/a	*widow; widower*	viuda; viudo
		wife	esposa, mujer
granddaughter	nieta	*younger*	menor
grandfather	abuelo		

The days of the week Los días de la semana

Sunday	domingo	*Thursday*	jueves
Monday	lunes	*Friday*	viernes
Tuesday	martes	*Saturday*	sábado
Wednesday	miércoles		

The months of the year Los meses del año

January	enero	*July*	julio
February	febrero	*August*	agosto
March	marzo	*September*	septiembre
April	abril	*October*	octubre
May	mayo	*November*	noviembre
June	junio	*December*	diciembre

The seasons Las estaciones

spring	primavera	*autumn, fall*	otoño
summer	verano	*winter*	invierno

The cardinal and ordinal numbers   Los números cardinales y ordenales

1 / one   1st / first
2 / two   2nd / second
3 / three   3rd / third
4 / four   4th / fourth
5 / five   5th / fifth
6 / six   6th / sixth
7 / seven   7th / seventh
8 / eight   8th / eighth
9 / nine   9th / ninth
10 / ten   10th / tenth
11 / eleven   11th / eleventh
12 / twelve   12th / twelfth
13 / thirteen   13th / thirteenth
14 / fourteen   14th / fourteenth
15 / fifteen   15th / fifteenth
16 / sixteen   16th / sixteenth
17 / seventeen   17th / seventeenth
18 / eighteen   18th / eighteenth
19 / nineteen   19th / nineteenth
20 / twenty   20th / twentieth
21 / twenty-one   21st / twenty-first
22 / twenty-two   22nd / twenty-second

31 / thirty-one   31st / thirty-first
40 / forty   40th / fortieth
50 / fifty   50th / fiftieth
60 / sixty   60th / sixtieth
70 / seventy   70th / seventieth
80 / eighty   80th / eightieth
90 / ninety   90th / ninetieth
100 / one hundred   100th / one hundredth
105 / one hundred five   105th / one hundred fifth
200 / two hundred   200th / two hundredth
1,000 / one thousand   1,000th / one thousandth
2,000 / two thousand   2,000th / two thousandth
100,000 / one hundred thousand   100,000th / one hundred thousandth
1,000,000 / one million   1,000,000th / one millionth

Colors   Colores

black   negro/a
blue   azul
brown   café, castaño/a, moreno/a
gray   gris
green   verde
orange   anaranjado/a

pink   rosado/a
purple   morado/a
red   rojo/a
violet   violeta
white   blanco/a
yellow   amarillo/a

Foods   Alimentos

almond   almendra
anchovy   anchoa
apple   manzana
apricot   albaricoque
artichoke   alcachofa
bacon   tocino
asparagus   espárragos
banana   plátano, banana, guineo
beans   frijoles, habichuelas
beef   carne (de vaca)
    roast   rosbif
beer   cerveza

beet   remolacha, betabel
bread   pan
butter   mantequilla
cabbage   col
cake   torta
candy   dulces, caramelos
carrot   zanahoria
cauliflower   coliflor
celery   apio
champagne   champaña
cheese   queso
cherry   cereza

chestnut castaña
chicken pollo
chickpea garbanzo
chop chuleta
clam almeja
cocktail coctel
coconut coco
cod bacalao
coffee café
  black solo
  with milk con leche
cold cuts fiambres
cookie bizcocho
corn maíz
crab cangrejo, juey
cracker galleta
cream crema, nata
cucumber pepino
daily special plato del día, comida
  corriente
date dátil
decaf descafeinado
dessert postre
drink bebida
  soft refresco
duck pato
egg huevo
  hard-boiled duro
  soft-boiled tibio, pasado por
    agua
  fried frito
  scrambled revuelto
eggplant berenjena
fig higo
fish pescado
fruit fruta
garlic ajo
grape uva
grapefruit toronja, pomelo
gravy salsa
ham jamón
honey miel
hors d'oeuvres entremeses
ice hielo
ice cream helado
jelly jalea
juice jugo, zumo
lamb carne de cordero

lemon limón
lentils lentejas
lettuce lechuga
liqueur licor
liquor licor
lobster langosta
marmalade mermelada
mayonnaise mayonesa
meat carne
meatball albóndiga
melon melón
milk leche
mushroom hongo, seta, champiñón
mustard mostaza
mutton carnero
nut nuez
oil aceite
olive aceituna
omelet tortilla
onion cebolla
orange naranja
oyster ostra
pea guisante
peach melocotón, durazno
pear pera
pepper pimienta (condimento);
  pimiento (fruta)
pie pastel, tarta
pineapple piña
plantain plátano
plum ciruela
pork carne de cerdo, carne de puerco
potato patata, papa
  fried papas fritas
  mashed puré de papas
pumpkin calabaza
rabbit conejo
radish rábano
raisin pasa
raspberry frambuesa
rice arroz
roast beef rosbif
roll panecillo
rum ron
salad ensalada
salt sal
sauce salsa
sausage chorizo

shellfish mariscos
shrimp camarón
soda gaseosa, soda
soup sopa, caldo
spinach espinacas
squash calabaza
steak biftec, bistec, bisté
stew guisado
strawberry fresa
stringbeans habichuelas, judías
   verdes
sugar azúcar
syrup jarabe
tea té

tenderloin filete
toast tostadas, pan tostado
tomato tomate
trout trucha
tuna atún
turkey pavo
turnip nabo
veal carne de ternera
vegetable hortaliza, legumbre, ver-
   dura
vinegar vinagre
water agua
watermelon sandía
wine vino

Parts of the body   Partes del cuerpo

ankle tobillo
arm brazo
back espalda
blood sangre
bone hueso
brain cerebro
breast seno, pecho
buttocks nalgas
cheek mejilla
chest pecho
chin barba, mentón
ear oreja
elbow codo
eye ojo
eyebrow ceja
face cara
finger dedo
foot pie
forehead frente
hair pelo
hand mano
head cabeza
heart corazón
heel talón
hip cadera
jaw mandíbula
joint coyuntura

kidney riñón
knee rodilla
leg pierna
lip labio
liver hígado
lung pulmón
mouth boca
muscle músculo
nail uña
neck cuello
nerve nervio
nose; nostril nariz
rib costilla
shoulder hombro
skin piel
skull cráneo
spine espina
stomach estómago
thigh muslo
throat garganta
thumb pulgar
toe dedo del pie
tongue lengua
tonsils amígdalas
tooth diente
waist cintura
wrist muñeca

Stores   Tiendas

bakery panadería
barbershop barbería, peluquería

beauty parlor peluquería, salón de
   belleza

bookstore librería
butcher shop carnicería
department store almacén
drugstore droguería, farmacia, botica
dry cleaner's tintorería
grocery tienda de comestibles, bodega

hardware store ferretería
jewelry store joyería
laundry lavandería
market mercado
pharmacy farmacia, botica
shoe store zapatería
supermarket supermercado

Occupations Oficios

actor, actress actor, actriz
architect arquitecto/a
artist artista
baker panadero/a
banker banquero/a
barber, hairdresser barbero/a, peluquero/a
carpenter carpintero/a
dentist dentista
doctor médico/a, doctor, doctora
electrician electricista
engineer ingeniero/a

lawyer abogado/a
mechanic mecánico/a
nurse enfermero/a
painter pintor, pintora
plumber plomero/a
professor profesor, profesora
salesperson vendedor, vendedora
secretary secretario/a
teacher maestro/a, profesor, profesora
typist mecanógrafo/a
waiter, waitress camarero/a, mesero/a

Important Public Notices Avisos Importantes

Bathrooms Aseos, baños, lavabos, servicios
Bridge Puente
Caution Precaución, Atención
Closed Cerrado
Crossroad Cruce
Curve Curva
Danger Peligro
Dead End No hay salida
Detour Desvío, Desviación
Dip Depresión
Do Not Enter No entre
Entrance Entrada
Exit Salida
Hill (Down) Cuesta Abajo
Hill (Up) Cuesta Arriba
Keep Out Prohibido el paso
Keep to the right (left) Conserve su derecha (izquierda)
Lane Ends Carril se termina
Lavatory Aseos, lavabos, baños

Men, Gentlemen Hombres, Caballeros, Señores
No Entry Prohibido el paso
No Parking Prohibido estacionarse
No Passing Se prohibe pasar
No Smoking Se prohibe fumar
One-Way Sentido único, Transito
Open Abierto
Pedestrians Peatones
Post No Bills Se prohibe fijar carteles
Rest Rooms Aseos, baños, lavabos
Slow Despacio
Speed Bump Lomo
Speed Limit Velocidad máxima
Stop Alto
Test Your Brakes Pruebe sus frenos
Tunnel Túnel
Winding Road Camino sinuoso
Women, Ladies Mujeres, Damas, Señoras

Animals Animales

bear	oso	*horse*	caballo
bird	pájaro	*lion*	león
bull	toro	*monkey*	mono
cat	gato	*mouse*	ratón
cow	vaca	*pig*	cerdo, puerco, cochino
dog	perro	*pigeon*	paloma
dove	paloma	*rat*	rata
eagle	águila	*shark*	tiburón
fish	pez	*sheep*	oveja
fox	zorro	*snake*	culebra, serpiente
frog	rana	*whale*	ballena
goat, female	cabra	*wolf*	lobo
male	chivo		
kid	chivo/a		

ESTUDIO DE PALABRAS / WORD STUDY

Cognados Inglés/Español   English/Spanish Cognates

Muchas palabras son exactamente iguales en inglés y en español. Muchas otras tienen solamente unos pequeños cambios de ortografía.
Estudie las siguientes categorías.

Many words are exactly the same in English and Spanish. Many others have only minor changes in spelling.
Study the following categories:

1. Palabras que son iguales en los dos idiomas:
Words that are the same in both languages:

color	crisis	drama	error	general
honor	metal	probable	tropical	variable

2. En español se añade una *a, e,* u *o* a la palabra inglesa:
In Spanish an *a, e,* or *o* is added to the English word:

artist	artista	*planet*	planeta
emblem	emblema	*problem*	problema
pianist	pianista		
client	cliente	*important*	importante
evident	evidente	*part*	parte
ignorant	ignorante		
abstract	abstracto	*liquid*	líquido
contact	contacto	*pretext*	pretexto
defect	defecto		

3. La terminación *ty* en inglés corresponde generalmente a *tad* o *dad* en español:
The English ending *ty* generally corresponds to the Spanish *tad* or *dad*:

curiosity	curiosidad	*society*	sociedad
liberty	libertad	*utility*	utilidad

4. La terminación *y* en inglés corresponde usualmente a *ía, ia,* o *io* en español:
The English *y* ending usually corresponds to the Spanish *ía, ia,* or *io*:
company compañía   *history* historia   *ordinary* ordinario

5. La terminación *tion* en inglés equivale a *ción* en español:
   The ending *tion* in English equals the Spanish ending *ción*:
   action acción   *administration* administración   *function* función

6. La terminación *ous* en inglés es frecuentemente *oso* en español:
   The English ending *ous* is frequently *oso* in Spanish:

delicious	delicioso	*generous*	generoso
famous	famoso	*precious*	precioso

Cognados Falsos/False Cognates

Como se puede ver en la sección anterior, es fácil reconocer muchas palabras porque se parecen en inglés y castellano. Desgraciadamente, hay también algunos cognados falsos, que se parecen pero tienen diferentes significados. Algunos de los más comunes de estos cognados falsos están en la lista que sigue.

As can be seen in the above section, many words can be recognized easily because they look and sound similar in English and Spanish. Unfortunately, there are also some false cognates, which look and sound similar but have different meanings. Some of the most common of these deceptive cognates are listed below.

Cognado Falso en Inglés y Su Sentido en Español/ False Cognate in English and Its Meaning(s) in Spanish	Palabra en Español y Su Sentido en Inglés/ Spanish Word and Its Meaning(s) in English
action	**acción**
acción, pero no acción de bolsa	action, but also share of stock
actual	**actual**
real, verdadero/a	present, current
assist	**asistir**
ayudar	to help, but also to attend
college	**colegio**
universidad; post-secundaria	high school or any private school
conference	**conferencia**
congreso, convención; junta	conference, but also lecture
disgrace	**desgracia**
deshonra	misfortune
embarrassed	**embarazada**
apenado/a; desconcertado/a, pero no encinta	hindered, impeded, but also pregnant

exit
salida

firm
compañía, casa de negocios;
  firme; fijo; tenaz

idiom
modismo

large
grande

lecture
conferencia

library
biblioteca

parent
padre de familia

sensible
sensato/a, razonable; también
  (pero casi nunca se usa así)
  perceptible

sympathetic
compasivo

success
éxito

éxito
success

firma; firme
signature; solid

idioma
language

largo/a
long

lectura
reading

librería
bookstore

pariente
relative

sensible
perceptible; also sensitive to
  stimuli; also (used less often)
  regrettable

simpático
pleasant, charming

suceso
event